本书撰写出版获得上海师范大学商学院学科资助

上海师范大学商学院金融研究与实践新发展系列丛书

基于网上交易的价格离散影响因素研究

INFLUENCING FACTORS ON PRICE DISPERSION IN ONLINE MARKET

王 强◎著

图书在版编目（CIP）数据

基于网上交易的价格离散影响因素研究/王强著.—北京：经济管理出版社，2018.6
ISBN 978-7-5096-5843-7

Ⅰ.①基… Ⅱ.①王… Ⅲ.①电子商务—价格—研究 Ⅳ.①F713.36

中国版本图书馆 CIP 数据核字（2018）第133686号

组稿编辑：何 蒂
责任编辑：何 蒂 钱雨荷
责任印制：黄章平
责任校对：赵天宇

出版发行：经济管理出版社
（北京市海淀区北蜂窝8号中雅大厦A座11层 100038）
网　　址：www.E-mp.com.cn
电　　话：（010）51915602
印　　刷：北京玺诚印务有限公司
经　　销：新华书店
开　　本：720mm×1000mm/16
印　　张：11.25
字　　数：169千字
版　　次：2018年6月第1版　2018年6月第1次印刷
书　　号：ISBN 978-7-5096-5843-7
定　　价：38.00元

·版权所有　翻印必究·
凡购本社图书，如有印装错误，由本社读者服务部负责调换。
联系地址：北京阜外月坛北小街2号
电话：（010）68022974　邮编：100836

前 言

　　随着私有化与生产力的不断发展,商品交易的场所应运而生,这就是所谓的传统观念的市场,商品的买卖双方可以在市场实现交易。传统市场中每一个卖家都是相对独立的个体,他们可以独立选择自己的交易方式、结算方式等交易要素,其交易受空间和时间的制约。对于购买商品的买家来说,由于买卖双方的信息不对称,他们只能通过在相应的市场中搜寻交易对象,比较商品的质量、价格等信息,以实现其购买到相对满意的商品。然而搜寻是要付出成本的,如耗费的时间成本、精力成本等。随着网络技术的发展,以及众多消费者对购买存在时空差异商品的需求越来越强烈,传统市场已经不能完全满足其要求,因此采用网络交易的模式逐渐发展起来,这种模式首先被企业用户所接受,逐渐被个人消费者所追捧,进而诞生了所谓与传统市场对应的网上市场。网上市场的产生并不能完全替代传统市场,可以说是传统市场的延伸与有效的补充。网上交易市场改变了传统市场交易中的一对一或者一对多的交易模式,而更多地采用多对多的交易模式。买卖双方必须通过网上交易市场达成交易,该市场(也可称为网络交易平台)分为企业或卖家自建、独立第三方提供以及混合式等几种模式,尤其是独立的第三方交易平台,在提供实物交易和服务时是要收取相应的服务费用的,其中包括售前发布商品信息、进行广告宣传,售中提供注册和登录功能、提供交易和结算功能、提供交易安全防护,售后提供交易服务等。网上交易市场在市场经济中扮演着越来越重要的角色,所以对网上交易市场相关问题的研究是非常重要的。

20世纪60年代，学者Stigler在《信息经济学》一文中首先提出了价格离散这一概念，即同质商品的价格分布相对于某一中心的偏离程度。大量的证据表明价格离散是存在的，这与"一价定律"中关于高度竞争的传统市场中所有卖家对同质商品制定相同的价格是违背的。学者们通过研究发现，由于在市场的交易双方中信息不对称，而消费者在搜寻交易信息时要付出一定的成本，这便导致价格离散现象的存在。当网上交易市场产生以后，因为网络具有高效的特点，以及搜寻引擎的存在，有学者就大胆预测，网上交易市场中同质商品将不再存在价格离散现象。然而许多学者对各大交易平台登录的商品价格实证表明，价格离散现象在网上交易市场中同样明显。随后，便有学者从搜寻理论层面解释了网上交易市场中搜寻成本尽管相比传统市场中的少，但仍然不可忽略。

从2007年开始，笔者师从上海交通大学陈宏民教授，跟随研究团队开展双边市场理论的研究。在研究中，我们深入调查一些具有典型双边市场特征的产业，并积极寻求运用双边市场理论解释和研究一些热点现象和问题，在众多具有双边市场特征的产业中，笔者发现网上交易市场的价格离散问题受到众多国内外学者的关注，但仅限于从搜寻理论等方面展开研究，因此笔者运用双边市场理论对价格离散问题进行了初步研究。与此同时，为了保持与国际理论界的交流与合作，2010年在上海交通大学的资助下，笔者前往加州大学河滨分校进行为期一年的访学交流，并跟随Amnon Rapoport教授和潘星教授从事价格离散问题的研究。

本书的结构与主要内容都经过了反复斟酌，综合反映了几年来笔者的一些初步研究成果。通过本书向大家介绍网上交易市场中价格离散问题的影响因素，希望与广大学者和相关业内人士分享这一理论盛宴，吸引更多的学者投身于网上交易市场相关问题的研究中，并鼓励更多的管理者应用双边市场理论去制定竞争策略，共同推动网络经济的繁荣发展。

王强

目 录

第一章 绪论 ··· 1

 第一节 研究背景 ··· 1

 第二节 研究意义 ··· 6

 第三节 主要研究内容 ··· 8

第二章 基本理论 ··· 11

 第一节 双边市场的内涵 ··· 11

 第二节 双边市场的平台定价理论 ··· 12

  一、垄断地位、集中定价机制与效率损失 ······························· 13

  二、偏斜定价与交叉补贴 ··· 15

  三、价格工具与对均衡结果的影响 ····································· 17

 第三节 网络外部性与交叉网络外部性理论 ··································· 19

  一、网络外部性理论研究的主要方法 ··································· 19

  二、网络外部性的基础理论研究 ······································· 21

  三、交叉网络外部性的特征及研究 ····································· 22

 第四节 价格离散的相关理论 ··· 23

  一、传统市场中价格离散研究 ··· 24

二、销售渠道的异质性理论 …………………………………… 26
三、网上交易市场中价格离散研究 …………………………… 30
四、网上交易市场价格离散问题现有研究的不足 …………… 34

第三章 价格离散基本模型 ……………………………………… 36

第一节 引言 ……………………………………………………… 36
第二节 基本假设与模型 ………………………………………… 39
第三节 价格离散程度的度量 …………………………………… 48
第四节 小结 ……………………………………………………… 50

第四章 搜寻成本、声誉与网上交易市场价格离散 …………… 52

第一节 引言 ……………………………………………………… 52
第二节 基本模型 ………………………………………………… 55
第三节 市场均衡分析 …………………………………………… 56
第四节 小结 ……………………………………………………… 64

第五章 平台收费对网上交易市场价格离散的影响 …………… 66

第一节 引言 ……………………………………………………… 66
第二节 买家类型相同时平台收费对价格离散的影响 ………… 68
　　一、平台对卖家收费时的市场均衡分析 ………………… 68
　　二、平台对卖家与买家均收费时的市场均衡分析 ……… 75
　　三、算例分析 ……………………………………………… 80
第三节 买家类型不同时平台收费对价格离散的影响 ………… 82
　　一、平台对卖家收费时的市场均衡分析 ………………… 82
　　二、平台对卖家与买家均收费时的市场均衡分析 ……… 90
　　三、算例分析 ……………………………………………… 94
第四节 小结 ……………………………………………………… 96

第六章 搜寻效率对网上交易市场价格离散的影响 …… 98

第一节 引言 …… 98
第二节 保留价格相同时搜寻效率对价格离散的影响 …… 100
一、基本假设 …… 100
二、市场均衡分析 …… 101
第三节 保留价格与搜寻效率不同对价格离散的影响 …… 110
一、基本假设 …… 110
二、市场均衡分析 …… 111
第四节 小结 …… 118

第七章 网络外部性对价格离散的影响 …… 119

第一节 引言 …… 119
第二节 单向交叉网络外部性对价格离散的影响 …… 120
一、基本假设 …… 120
二、市场均衡分析 …… 121
第三节 双向交叉网络外部性对价格离散的影响 …… 127
一、基本假设 …… 127
二、市场均衡分析 …… 128
第四节 小结 …… 133

第八章 广告推广活动对价格离散的影响 …… 134

第一节 引言 …… 134
第二节 基于差异化买家广告推广活动对价格离散的影响 …… 137
一、基本假设 …… 137
二、市场均衡分析 …… 137
三、算例分析 …… 142

第三节　交叉网络外部性与广告活动对价格离散的影响……………… 144

　　第四节　小结………………………………………………………………… 148

第九章　结论与研究展望……………………………………………………… 150

　　第一节　结论………………………………………………………………… 150

　　第二节　创新点……………………………………………………………… 153

　　第三节　研究展望…………………………………………………………… 154

参考文献…………………………………………………………………………… 157

第一章 绪论

本章阐明了研究选题的背景以及理论和现实意义,对本书的研究所引入的价格离散问题进行了界定。在对我国网上交易市场近年来的典型产业事实所反映的产业组织问题进行提炼的基础上,本书概括了研究所关注的主要问题。

第一节 研究背景

在互联网的高速发展过程中,基于网络的经济活动越来越多,形式也日益丰富,主要包括有偿电子邮件服务、网络销售与采购、网络游戏、网络广告、虚拟社区服务、有偿网络通信、电子支付与认证、网络娱乐、网络咨询服务、在线旅游与预订服务等。这些网络经济活动对人们经济生活的影响日益显著。举例来说,据 2018 年初 We Are Social 和 Hootsuite 发布的全球数字报告显示,全球互联网用户数已突破 40 亿人;联合国报告《2017 年宽带状况》(*The State of Broadband* 2017)称,中国的互联网用户最多,超过 7 亿人,并且移动网络约占中国总网络流量的 57%,略高于世界平均水平;据 2017 年 4 月联合国贸易和发展会议公布的统计数据显示,2013~2015 年,全球电子商务市场规模从 18 万亿美元增加到 22 万亿美元,而目前已经超过 25 万亿美元,并且每年以较高的速度增长。

网络经济活动中一个比较突出的内容就是基于电子商务的网络交易。随着电子商务的功能越来越强大，其应用范围也越来越广泛，其中一个重要的应用就是企业网络采购与消费者的网络购物。欧美发达国家在该方面已经拥有了相当长的经验积累与实践效果，eBay、Yahoo、Amazon 就是最为经典的例子。基于电子商务的世界网络交易规模也越来越大。虽然我国在这方面起步较晚，但是发展迅猛，据中商产业研究院数据统计显示，2017 年全国电子商务交易额达 29.16 万亿元，同比增长 11.7%。其中商品、服务类电商交易额达 21.83 万亿元，同比增长 24.0%，比 2016 年提高 10.2 个百分点。商品类电商交易额为 16.87 万亿元，占 77.3%，同比增长 21.0%，比上年提高 8.7 个百分点。服务类电商交易额为 4.96 万亿元，占 22.7%，同比增长 35.1%，比上年提高 13.2 个百分点，延续了上年快速增长的态势。2017 年，商品、服务类电商对个人的交易额为 8.68 万亿元，同比增长 33.1%，比上年提高 4.5 个百分点；对单位的交易额为 13.15 万亿元，同比增长 18.6%，比上年提高 12.2 个百分点。对个人交易额的快速增长说明网络购物在我国已经得到普及，而对单位交易额的快速增长意味着企业利用互联网开展经营的水平也在不断提高。电子商务与服务类产品结合后，解决了信息传递的瓶颈问题，提升了资源配置的效率。2017 年不仅像滴滴、携程、美团、优酷等大型服务类平台的交易额保持稳定增长，一些新兴平台如微票儿、喜马拉雅 FM、猪八戒网和腾讯云等的发展更是非常迅速，一些平台交易额同比实现成倍增长[①]。

据中国电子商务研究中心统计报告显示，2010 年网上零售市场交易规模达 5131 亿元，较 2009 年又翻了近一番。近几年，中国经济发展稳步增长，随着经济的转型升级，网络零售进入全新时代，而网络交易额也呈现突飞猛进的增长。据中国商务部统计数据显示，2012 年网络零售市场达到 1.3 万亿元左

---

① 以上数据及分析均来源于中商产业研究院发布的《2018～2023 年中国电子商务行业发展前景及投资机会研究报告》。

右的交易规模,而2017年中国网络零售额高达7.18万亿元,同比上年增长38%。其中,实物商品的网上零售额达到5.48万亿元,增长28%,占社会消费品零售总额的比重为15%,比2016年提升2.4个百分点(见图1-1)。

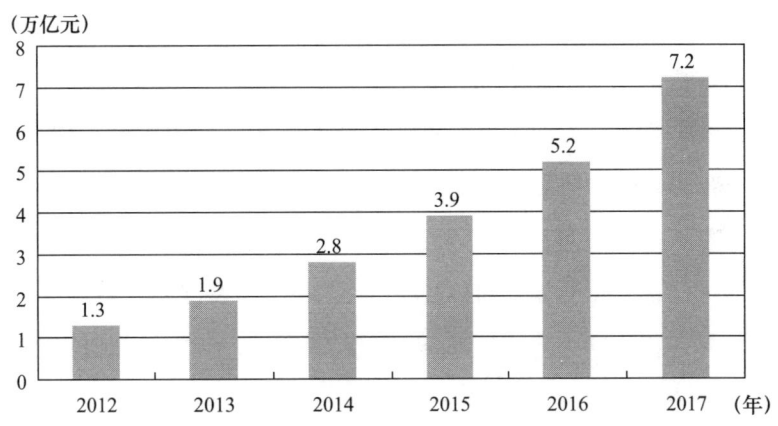

图1-1　2012~2017年中国网络零售市场交易规模

资料来源:中国电子商务研究中心。

艾瑞咨询的研究数据显示,2017年中国网络购物市场中B2C市场交易规模为3.6万亿元,在中国整体网络购物市场交易规模中的占比达到60.0%,从增速来看,2017年B2C网络购物市场增长40.9%,远超C2C市场的15.7%。这些事实不仅充分表明网络交易市场成为传统零售市场强有力的补充,其作为企业零售渠道的重要性也逐步被越来越多的企业认可,也说明网络交易已经成为网络经济活动最为重要的组成部分之一。

21世纪网络交易是重要的基本交易模式之一,而且相对于传统的交易机制而言存在着重要的区别和自身独特的优势。网络交易的自身优势不仅在于能够节省交易成本、处理复杂的交易、提供较高的供应透明度,更为重要的是网络交易是基于网络交易平台的交易模式,这也是网络交易的一个十分重要的特点,即网络交易市场作为一个双边市场,其交易平台与交易环境对其自身的发展会产生动态的影响。这是由于通过互联网络,交易的产品变得种类齐全,从日常的快速消费品到耐用品应有尽有。同时,进入网络交易平台的门槛低,这也促使全球注册的网络交易用户数以亿计,且高速增加。因而,网络交易平台作为网络交易服务提供者面对了大量的买家与卖家。这就使得网络交易平台可以通过大量的卖家以及对应的多样化的交易商品吸引大量的买家加入到网络交易中来,同时买家数量迅速增加,进一步吸引更多的卖家到平台上交易商品。于是,这种网络交易双方的正反馈效应,即交叉网络外部性优势,不仅使得网络交易平台可以通过吸引更多的供应商、采购商与消费者来增加自身的收益,而且可以更有效地促进网络交易的成交量和交易量的增长以及低成本的价格,改善交易双方的福利,并促进网络交易在交易方式、交易平台服务与市场策略的发展与完善。目前这一特征从国内外网络交易的发展趋势来看日益明显,如Amazon和淘宝等网络交易的发展就是如此。

进一步而言,由于交易网站或平台的中介服务不仅会影响参与交易的双方规模与收益,而且还会受到交易平台之间的竞争环境或市场结构以及参与交易双方的影响。因此网络交易的市场环境,尤其是交易双方及双方之间的相互作用对网络交易产生诸多影响,如卖家的欺诈行为、卖家的定价策略、买家的搜寻行为、交易平台的竞争与发展策略等,因而有着重要的理论与实践意义。所以自网络市场诞生以来,网络交易问题就成为了国际学术界与企业界乃至政府关注的重要问题,该领域的理论与实证研究也日益丰富。

在诸多网络交易问题中,无疑价格离散问题是大家关注的问题之一。"一价定律"说明在高度竞争的市场,所有卖家将制定相同的价格。然而大量的证据表明,传统市场中,同质商品并不以相同的价格销售,人们将这一现象称为价格离散。很多学者将这一现象的产生归因于市场信息不完全,并认为信息的搜寻是有成本的。买家在对同样的商品进行比较的过程中,是需要付出一定的时间、运输等成本的。比如,同样的牙刷在不同超市价格是不一样的,但是由于差价并不是很大,很多买家并没有对众多超市的牙刷进行逐一比较后才购买,原因之一就是在比较过程中(即搜寻过程中)所付出的成本超过了该商品的差价，这也印证了搜寻成本的存在。目前，已有众多学者从实证和理论角度对传统市场中的价格离散现象进行了研究，并得出了一些重要的结论。然而，网络市场与传统的交易市场存在差异，相比于传统市场，网络市场具有速度快，效率高，不受时间、空间限制等特点，因而Smith（2000）认为对于买家来说，不但搜寻价格信息的成本大大降低了，而且搜寻非价格信息的成本也降低了。比如说，网络交易市场交易平台都有搜寻引擎，如按照产品类别、产品价格、成交量等指标进行搜寻，为消费者提供了方便，节省了时间与精力，继而节约了搜寻成本。因而，在网络市场诞生的最初几年，Bakos（1997）等很多学者预言，网络市场中的同质商品价格将会持续降低，直至达到完全竞争的价格水平。然而，Ancarani和Shankar（2004），以及Venkatesan，Mehta和Bapna（2007）研究发现：网上零售商之间的价格离散并没有比传统市场减小，但传统市场上的商品定价明显要比纯网上零售商的定价高。此外，Baye和Morgan（2003a）认为不同商品类别，其价格离散的程度是不同的。Bryniolfsson和Smith（2000），以及Pan，Ratchford和Shankar（2009）也发现书籍和CD的价格离散程度比较高，电脑的价格离散程度比较低。同时，Brynjolfsson和Smith（2000），Pan等（2002）还发现零售商提供的服务存在很大的差异，网上服务往往与消费者的期望不能匹配。

尽管我国网络交易起步比西方发达国家晚，但是发展速度非常惊人，从我国在网络交易中的一些实际情况来看，价格离散问题也是非常严重的，尤其在B2C交易中，以2011年淘宝网上证券从业资格考试教材——《证券市场基础知识》一书为例，价格从南南书城销售的5.50元到诚章书店（南昌总店）销售的30.30元不等，价格差达到24.80元，其价格离散程度惊人。最近几年有一些国内学者针对国内网络交易中的价格离散问题进行了研究，对该问题也有一定的认识，理论与实证都表明，网络交易市场中的价格离散现象是存在的。

第二节 研究意义

进入21世纪,伴随着世界网络经济,尤其是B2C/C2C产业的蓬勃发展,我国的网络经济也呈现出持续高速增长的势头,并且网络经济活动对人们经济生活的影响日益显著。

自Stigler(1961)提出了有关价格离散的理论解释以来,有关价格离散的理论研究与实证研究日新月异,发展迅猛。从近年来有关价格离散研究的发展趋势来看,关于网上交易市场中价格离散的理论研究与实证研究日益增多,一方面凸显了电子商务与网络经济是经济发展中的重要组成部分,另一方面也凸显了价格离散问题在网络经济中仍然是不可忽略的重要研究问题。

自20世纪90年代末以来,网络经济开始不断发展壮大,而网络经济中的众多研究问题也日益显著。尽管很多传统市场中类似问题的研究可以应用到网络市场中,但是网络市场具有与传统市场不同的特征,因此很多研究有别于传统市场。虽然有关网络市场的研究时间比较短,而且很多研究还处于尝试性阶段,但该领域的研究已经取得了不错的前期成果,其发展前景十分令人期待。

然而需要强调的是,就目前的研究文献与工作论文来看,网上交易市场价格离散问题在产业组织理论领域的应用基本限于对卖家的定价与买家的搜寻策略问题的探讨,而没有将应用拓展到诸如网络外部性、平台收费、双边市场等新兴的产业组织研究领域之中。

近二十年来网络外部性研究是产业组织的一个新兴而重要的研究方向,网上交易市场在各国经济发展中扮演着越来越重要的角色。网上交易市场自身的特征和网络外部性作为供需双方规模经济的特点决定了供需双方在网络外部性的研究中占据了重要的地位,这明显不同于传统的产业组织研究,从而也使得买家的行为特征对卖家在网络外部性下的市场竞争行为和策略会产生一定的影响，同样地，卖家的数量及其特征对买家在网络外部性下的搜寻与交易行为也会产生一定的影响。因此，考察网络外部性问题对网上交易市场中价格离散问题的研究具有一定的理论创新性，也符合两学科交叉研究的合理性。

进一步而言，网上交易市场具有双边市场的特征，即平台的一边是卖家，另一边是买家，卖家与买家的交易行为要通过平台来实现。也就是说，平台企业在网上交易市场中占有很重要的地位，交易平台所制定的政策及收费等行为将影响到网上交易市场中卖家的定价行为，乃至市场的结构，同时也会对买家的交易行为产生影响。从网络平台的角度来说，其目标是平台的收益最大化，即平台收费机制的设计对平台来说尤为重要。然而即使是垄断网络平台，平台的收费也不是随心所欲的，因为平台的收费机制将直接决定平台的发展状况，对竞争环境下的网络平台就更不用说了。平台收费过高，导致参加平台的卖家数量少，卖家的数量少又引起很少有买家愿意加入平台。因此，网络平台为了培养平台双方的参与数量，必须建立一个合理有效的收费机制，激励卖家参与平台，并通过平台进行交易，以达到平台收益最大化的目标。然而以往的研究不考虑交易平台对离散的影响，因而得出的结论有很大的局限性，所以我们在研究网络交易市场价格离散问题时要充分考虑交易平台的作用，并深入考虑平台收费对于卖家定价策略、买家搜寻行为、价格离散及离散程度的影响。这对于充分发掘导致网上交易市场价格离散及离散程度大小的原因具有很高的现实意义和理论价值。

此外，由于网上交易市场中存在信息不完全或信息不对称等情况，这使得买家需要进行一定的搜寻活动来降低信息不对称的程度。以往的研究主要从买家保留价格存在差异继而导致付出搜寻活动不同的角度来研究。只要买家的保留价格相同，那么其付出的搜寻次数或搜寻活动也相同。然而，事实是：即使在同样的保留价格下，不同的买家其搜寻行为也表现出不同的情况，这主要取决于买家搜寻效率的高低。

尽管在同一购物网站中，搜寻引擎的信息资源都来自该网站，可是不同搜寻关键词的执行效率和侧重点不同。购物网站中的信息浩瀚如海，买家不可能获取到所有的信息，据统计，能搜索到总网页的40%已经做到了极致，这还仅限于有丰富购物经验的买家，而绝大部分第一次在网上购物，或者还不太能熟练进行网上购物的买家来说，搜寻结果可能还达不到该水平。买家对同一目标商品或店铺进行搜寻时究竟使用什么样的关键词，这取决于买家对搜寻引擎的使用经验和购物经验等因素。有的买家能够使用精准的关键词定位目标商品，而有的买家只能使用模糊或笼统的关键词进行搜寻，这样就导致两者的搜寻效率存在差异。整体来说，对搜寻引擎使用越熟练、网上购物经验越丰富的买家，搜寻效率越高，从而这类买家在搜寻成本方面就具有优势，只要花较少的搜寻成本就能达到理想的搜寻效果。一般来说，买家的保留价格、搜寻行为等会对卖家的定价产生影响，即在网络购物过程中也存在买家与卖家的博弈行为。正因为如此，在网络经济中，不同类型的买家对于高声誉与低声誉卖家来说，在制定商品价格方面的影响也是不同的，很多卖家正是利用了买家搜寻效率的差异来获取交易中的利润。另外，当买家保留价格不同时，他们所呈现的搜寻活动更是五花八门。因此，通过对买家搜寻效率差异的研究进行网上交易市场价格离散现象以及价格离散程度大小的研究是具有一定现实意义和理论意义的。

第三节　主要研究内容

为了突出双边市场理论在研究网上交易市场价格离散问题时的重要性，我们在本书的研究体系中，依据双边市场的特征将网络交易市场划分为买家、卖家与平台三个主体。与传统的交易市场相比，双边市场中存在至少两种或两种以上的用户类型，这些用户通过平台市场构成市场一边的需求方和另一边的供给方，而且在分析一边的市场的过程中不能割裂另一边的市场来独立分析，但又不是传统的两个市场叠加进行分析。

全球所有的市场经营者都认为网络的发展极大地影响了企业的经营模式。然而究竟会产生什么样的具体变化,这是很难预测的,因为网络是持续不断地快速增长与变化的。最近一些学术型文章开始正式研究网络市场中的一些问题。大部分研究集中于网上交易市场中价格离散程度是否高于网下交易市场,网上交易市场中价格是否比网下交易市场更为敏感等几个方面。这些研究普遍认为网上交易市场中的搜寻成本较低,这使得买家能以较低的成本获得更多的价格信息,并且认为网络交易市场比传统市场更具有竞争力。如果网络交易市场具有高度的竞争性,那么价格离散现象应该从网络市场中消失,这是因为价格离散被认为是信息不完全导致的,而在网络市场低搜寻成本的情况下,买家将不会面对信息不完全这一状况。然而与这一预见恰恰相反,大量实证研究发现,在网络交易市场中,价格离散现象不但存在,而且价格离散程度比传统市场中的要严重。

那么,究竟是什么原因导致价格离散的存在?是什么因素导致价格离散程度的加剧或减弱呢?为了探索这些问题,本书在现有学者的研究基础上,以博弈论、产业组织理论、双边市场理论作为基本分析工具,全面考察了网络交易市场中不同因素对价格离散的影响。全书主要包括绪论,基本理论,价格离散的基本模型,搜寻成本、声誉与网上交易市场价格离散,平台收费对网上交易市场价格离散的影响,搜寻效率对网上交易市场价格离散的影响,网络外部性对价格离散的影响,广告推广活动对价格离散的影响以及结论与研究展望共九章内容。

第一章绪论部分对本书的研究背景、研究意义及研究内容等进行了介绍。第二章是有关双边市场理论、网上交易市场中有关价格离散相关理论的介绍,以及有关研究的评论。第三章基于搜寻理论,考虑了卖家与卖家之间,以及卖家与买家之间的博弈关系,将卖家声誉、买家搜寻成本、买家搜寻效率、平台收费、广告推广活动、交叉网络外部性等因素放在统一的分析框架下,建立本书的基本模型。与现有文献不同的是,本书从双边市场的角度去分析、考虑问题,凸显了平台企业所起的作用。第四章将卖家与买家各分为两类,并建立了对应的搜寻模型,分析了在网上交易市场中搜寻成本对网上交易市场价格水平和价格离散程度的影响,进而研究了网上交易市场声誉机制与搜寻成本之间的相互作用。第五章探讨了网上交易平台对卖家和买家进行收费时,收费水平对均衡价格和价格离散程度的影响。第六章着重阐述了买家搜寻效率存在差异时,搜寻效率对网上交易市场价格离散的影响。本章不但研究了买家保留价格相同而搜寻效率不同的情况,而且考虑了买家保留价格不同且搜寻效率不同的情况。尽管买家保留价格类型及搜寻效率类型均为两种,但从研究的角度还是具有一定的说明性的。第七章从交叉网络外部性角度对价格离散程度进行了建模分析。由于交叉网络外部性是网络产业的典型特征,而交叉网络外部性的强弱对卖家的定价及买家的搜寻及交易策略产生重要影响,进而对网上交易市场中的价格离散程度产生影响。因此,本书基于搜寻理论,探讨网上交易市场中,当卖家声誉存在差异及买家搜寻存在成本时,交叉网络外部性对价格水平和离散程度的影响。第八章分析了广告推广活动对网上交易市场中卖家定价及价格离散程度的影响。由于广告推广活动是需要花费一定成本的,卖家将决定最优的广告推广策略以至获得最大的利润;而广告推广活动将节约买家的搜寻成本,这也将导致买家搜寻行为发生变化。第九章是结论和展望,对全书研究的主要内容与重要结论进行概括总结,指出了本书在理论探讨与经验分析方面的局限性,并对未来的研究方向做出了展望。

第二章 基本理论

本章着重对双边市场的内涵、双边市场中平台定价、网络外部性以及传统市场与网上交易市场中的价格离散问题的相关理论进行了梳理。着重回顾了半个世纪以来学术界对价格离散问题的研究与认识，归纳了相关结论，并指出研究的不足，为本书的研究指出了研究方向。

第一节 双边市场的内涵

关于双边市场，其描述性定义在众多案例研究中提出过，但早期国内外学者并没有给出其达成共识的严格定义。维基百科认为，双边市场也被称为双边网络，是有两个互相提供网络收益的独立用户群体的经济网络。这个定义只是从普及概念的角度给出了一个描述性的介绍，而对经济研究而言还不够严谨。Rochet 和 Tirole（2003）首先给出了粗略的定义，认为双边市场是一个或几个允许最终用户交易的平台，通过从各方适当地收取费用使双边（或多边）保留在平台上。直到 2005 年 Rochet 和 Tirole 试图从价格结构和网络外部性两个角度对双边市场进行界定，这一观点随即被众多学者认同。总体来看，所谓的双边市场应该包含以下几个特征：

（1）存在一个双边或多边的平台结构，即有一个平台运营商提供有形或无形的平台服务，同时存在两类或更多类的终端用户通过这个平台服务发生交易或相互影响。

（2）不同类型的终端用户之间存在着显著的交叉网络外部性，这种外部性应可以通过平台服务得以有效实现。参与到平台交易的用户，其一边用户的收益或效用取决于加入该平台另一边用户的数量，即另一边用户的数量越多其收益或效用越大。如网游平台，游戏的玩家越多，则给接入网游平台的游戏开发商带来的收益就越多（或潜在的收益越多），这样就会吸引更多的游戏开发商接入到该网游平台中。与此同时，游戏开发商越多，给游戏玩家提供的游戏产品就越多，从而给游戏玩家带来的效用也就越大。其实，在双边市场中也存在网络外部性，即使用某一产品或服务的消费者数量越多，每个消费者可获得的价值或效用就越高。比如，联网游戏中，如果某一款游戏只有一个玩家，则此时该款游戏不具有任何价值，玩家越多，其获得的价值或效用就越高。

（3）平台企业定价时存在着价格结构非中性，即不仅双边市场的价格总水平，双边市场上的价格结构也会影响平台的交易量。在实际研究中，不同的学者根据各自的研究背景和关注重点，对于上述双边市场的特征所强调的侧重点也有所不同[①]。

第二节　双边市场的平台定价理论

平台企业的双边用户对平台的服务具有截然不同又密切相关的需求，所以平台企业的定价既不能按照单边市场的传统供求分析的方法确定价格，也不能采用传统的多产品定价方法，因为不仅双边市场的产品或服务之间存在密切的

---

① 陈宏民，胥莉．双边市场——企业竞争环境的新视角［M］．上海：人民出版社，2007：21．

相关性，而且许多双边市场用户的效用之间也有很强的交叉外部性特征。所以需要有新的理论和模型指导平台企业的定价。同时，也需要有新的理论来指导政府对于双边平台企业价格行为的监督管理。

一、垄断地位、集中定价机制与效率损失

传统竞争理论认为，垄断是造成社会福利损失的罪魁祸首。但是对于具有双边平台特征的产业来说，情况可能有所不同。双边市场定价理论的一个分支就是研究垄断平台企业定价的效率和福利问题，主要始于银行卡组织的交换费集中定价机制的讨论中。

1979年，Nabaco公司就对银行卡组织VISA的妨害提起了诉讼，而经济学家和政策制定者们在对VISA的商业行为进行分析的时候，发现银行卡组织与传统理论中的企业在行为模式和市场绩效方面具有较大的区别，运用传统理论进行分析倍感乏力。他们之中有位名叫Baxter的律师，在1983年发表文章，提出VISA等银行卡组织面对持卡人和商户的联合需求特征，以及不能隔离一个市场考察另一个市场的重要性，这篇文章后来也被认为是最早正式研究双边市场的文献之一。Baxter（1983）研究的主要贡献在于建立了银行卡交易的双边市场经济分析框架，指出银行卡的交换费机制设计，恰恰是修正市场上的需求外部性、改进资源配置的有效手段。获得此结论是建立在发卡市场和收单市场均为完全竞争的假设下的，而且虽然提出了交换费这种发卡行和收单机构之间的转移支付的帕累托改进效果，却没有具体解决交换费数值的确定问题。后继研究主要放松了Baxter研究的前提假设，对银行卡市场的卡组织集中定价机制的效率和福利问题进行探讨。

Schmalensee（2002）放松了Baxter关于发卡市场和收单市场完全竞争的假设。研究发现，在不完全竞争的情况下，交换费机制不能解决双重加价问题。解决该问题的方法是引入封闭型银行卡组织促进竞争，但是与开放型银行卡组织相比，封闭型银行卡组织存在降低供给的动机。因此，他的研究同样证明了交换费存在的合理性，并且推导出在一定条件下，银行卡组织会设定与社

会最优条件一致的交换费水平。

Rochet 和 Tirole（2002）首次提出了在发卡和收单市场不完全竞争条件下分析银行卡支付系统的完整模型，通过研究不但证明了交换费是内部化银行卡支付系统外部性的重要制度安排，而且对最优交换费的制定提出了比较完整的理论分析框架。他们认为，银行卡组织设定的交换费并不一定比社会最优的交换费高，政府并不一定要对集中制定的交换费进行干预。他们的模型及其结论在美国、欧洲和澳大利亚等国家的反垄断案例分析中发挥了重要作用。

除了 Rochet 和 Tirole（2002）的研究外，Chakravorti 和 Roson（2004）、Gans 和 King（2003）、Manenti 和 Somma（2002）、Schwartz 和 Vincent（2004）、Wright（2003a，2003b，2004）等分别针对银行卡支付系统为研究对象，研究卡组织的基本规则，如反额外收费规则，以及商户市场结构和系统竞争等因素，对卡组织最优交换费的影响。以上研究基本一致认为：交换费将以非常复杂的方式取决于多种因素，包括商户和消费者的需求、系统成本、不同支付方式间竞争状况等。交换费作为一种重要制度安排，集中定价机制并不一定需要政府对其进行管制。

不过，关于市场集中并不会降低效率的研究目前仅限于银行卡产业，所以对于其他双边平台产业是否适用尚不清楚，而且这部分结论的获得与具体模型假设有关，所以研究对象主要是那些以交易为基础的平台类型。如果能在双边市场的一般理论模型基础上讨论垄断平台的定价水平，并与引入竞争后的市场效率与福利进行对比，同时能结合中国企业自身所处发展阶段，那么所得结论对我国于2008年8月后反垄断法的实践具有相当强的指导意义。因为除了受到关注的能源、电信等垄断企业外，其他一些企业，如中国银联，可能也会由于市场单一经营者的地位而受到关注，究竟如何看待中国银联目前的交换费率水平，就目前阶段而言是否应该引入竞争等问题将首当其冲。然而，中国银行卡产业仍处于市场成长期，加之中国银行业的固有体制问题，所以以上西方成熟市场的研究不能被简单复制用来作为我国政府监督企业行为的依据。

二、偏斜定价与交叉补贴

双边市场中的平台企业可能对其中一边用户采取低价甚至免费、补贴的策略,以便让此边市场尽可能多地积累用户;通过交叉外部性的影响提高另一边市场上用户的支付意愿,是实现更多利润的一种手段。为何平台企业的利润主要来源于某一边市场,而对另一边市场优惠,甚至实施补贴?实质上就是解决平台企业对双边市场价格结构的确定问题。但是,传统竞争理论认为,当企业把价格压得低于其平均成本时,可能就是一种掠夺性定价,常常被政府所限制,因为政府判定这种低于成本的定价行为的目的在于阻止潜在对手进入,或者试图将已有竞争对手驱逐出市场,获取垄断地位后实施有损消费者利益的企业行为。所以这一部分的研究也强调了双边市场中的补贴与掠夺性定价的差别。

Rochet 和 Tirole(2003a)以银行卡组织为产业背景,进行目标函数假定,推导出垄断平台在双边市场上的使用费定价公式,得到类似于 Lerner 指数的相应形式,并进一步得到给予交易收取的使用费与需求弹性之间的关系满足 $p^a/p^b = \varepsilon^a/\varepsilon^b$(内部均衡解),即对用户需求价格弹性 ε 相对高的一边,平台收取相对高的价格。在他们的研究中,平台企业目标函数设定抽象自银行卡产业,对那些用户间不存在交易的平台类型不适用;一边市场价格与该边市场价格需求弹性成正比的结论与传统单边市场结果不同,而且不直观;此外研究是基于一个市场的一个用户的真实交易量大小等于另一个市场的用户规模的假设。总的来说,他们的研究是刻画了一类平台企业为双边用户提供便利交易服务,所研究的价格和成本的关系都是建立在某一次交易的基础上的。Rochet 和 Tirole(2004)研究中指出的"反转原则"(Topsy – Turvy Principle)是说明这种利润来源倾斜的特征。研究发现当某些因素导致市场一方被收取高价,同样的因素必将会导致平台企业向另一边收取低价,以吸引后者加入平台,在售价高的市场上收获利润,对平台实现盈利产生有利的影响。

Armstrong(2006)采取以银行卡组织为代表的交易类型双边市场不同的

模型，将市场间交叉网络外部性直接写入双边市场用户效用函数，求出平台企业对双边的价格结构，以及价格超出修正后成本的边际加成率满足倒弹性特征。研究表明了平台企业会对那些对另一边产生更大的外部性效用、需求弹性较大的一边市场实施补贴。然而这一模型本身对交叉网络外部性的外生性假定与现实有些出入，而且效用函数假设意味着某个市场上的消费者要么全部加入、要么全不加入，求解的需求函数并不具备充分的一般性。

与大多数文献采取价格作为决策变量不同，Schiff（2003）运用数量模型对垄断平台企业的定价行为进行研究。研究也认为利润最大化平台企业会对获得收益较少的一边用户提供较低的价格，有利于该边市场规模的增加；当两边市场从平台获取的收益差异非常大时，补贴就会出现。

Parker 和 Van Alstyne（2000）以 Acrobat 软件为例，分析了垄断软件平台企业的定价问题。在他们的研究中，消费者市场的需求与该市场价格、基于该平台进行应用软件开发的开发商的数量之间存在线性关系，解释了软件平台企业将 Acrobat Reader 免费提供给消费者的原因。此外，他们还讨论了某一领域的垄断者试图进入另一个与自己的产品具有互补性或者替代性关系的市场的动机：当自己的产品与想要进入市场的产品之间是互补关系的情况下，进入互补产品市场以推动企业核心业务发展是有利可图的。

Bolt 和 Tieman（2004a）在 Rochet 和 Tirole（2003a）的基础上，采用不同函数形式刻画双边市场需求：常替代弹性的需求函数，并以澳大利亚银行卡组织为研究对象，计算出在一定条件下，平台企业利润最大化价格出现在角点解（Corner Solution），即平台企业的偏斜定价出现。他们的研究结论对当时澳大利亚市场上银行卡组织行为判定起到相当大的作用，然而持卡人和商户对卡基支付的需求是否满足常替代弹性特征，以及卡组织在吸引各方加入的接入费方面（与交易无关）是否也存在偏斜特征等都没有进行相应的研究。

Hagiu（2006b）则主要以软件平台企业为研究对象，应用双边市场理论框架，主要讨论和解释了操作系统商对应用软件开发商和消费者的不同定价结构的原因。研究表明，消费者对应用软件种类存在偏好越强时，操作系统企业越能从消费者市场获取绝大部分收益。

这些研究借鉴了传统多产品企业定价行为研究中对价格结构的关注，突出了与传统研究中补贴产生机制的差异研究：由于交叉网络外部性的存在，对一个市场的补贴正是平台企业内部化需求外部性的行为。而且作为平台企业利润最大化的行为，交叉补贴在一定情况下，还是有利于社会福利的。这一部分的研究存在的不足为：虽然已经具有一般性特征，但技术表达仍不够直观；此外，对于现有交叉补贴的研究多是研究补贴存在的可能性和特征，忽视了在这种普遍存在的事实背景下，平台企业的其他经营战略与传统理论研究的单市场企业有何不同，纵观现有文献几乎没有这方面的研究。

三、价格工具与对均衡结果的影响

平台的价格工具包括两种，和用户交互作用无关的接入费（Access Fee，或者 Membership Fee）和按每次发生交互作用收取的使用费（Usage Fee）。接入费指双边用户参与到平台所需支付的固定费用，平台企业可以以此影响双边用户的数量；平台通过使用费影响通过平台的交易量。比如，电子商务的网站，对卖家申请成为会员收取一次性的费用，同时对买卖达成后，抽取一定的使用费。两种价格工具研究各侧重于不同类型的双边市场，通常在研究过程中选择某一种工具。

Armstrong（2006）主要研究平台企业接入费的决策问题，其中将使用费与接入费联合使用的情形用二部定价的方式进行研究，通过对竞争平台的均衡二部定价的讨论，发现给定竞争对手的价格，平台企业存在多种使用费与接入费的组合。然而，Armstrong 的研究并没有涉及最优二部定价究竟为多少，而且相比于讨论的复杂性与所得结论的分量权衡而言，他认为讨论两种费用中的一种并不会降低多少模型的解释力度。这也奠定了现有文献大都选择某一种价格工具进行讨论的基础，如 Nockel 等（2004）对购物中心（Shopping Mall）的研究，仅考虑进场费即加入费的问题。Rochet 和 Tirole（2003a）源自早期研究银行卡交换费，着重考虑只对交易收费的情形，研究表明平台企业在对一次交易收取的总价格水平不变的情况下，使用费结构不同决定了平台企业的利润不同。Caillaud 和 Jullien（2003）对中介类型双边市场的平台企业间竞争进行了研究，中介型平台企业运用接入费和使用费获取利润，然而对于在位企业阻遏进入的最优策略选择上，收取使用费比收取接入费更好。

Hagiu（2006b）则以操作系统为背景，赋予这类双边市场的使用费——版税以全新的含义。不同于一般研究中双边市场用户同时加入平台，在他的研究中应用软件企业先加入平台，这样由于后期应用软件企业能实现的销售利润受控于操作系统对消费者的售价，所以预计到被平台企业获取大部分剩余索取权的可能性，导致应用开发企业事前加入平台动机不足，而在他的模型中，证实了版税的征收是操作系统平台企业对未来在消费者市场上表现的一种可置信承诺，解决了应用软件企业的平台加入动机不足的问题。

此外，对于其他可能影响平台企业定价的需求方特征的研究，如 Rochet 和 Tirole（2003a）研究了被俘获（Captive）用户和优质（Marquee）用户的存在对双边市场价格的影响。研究表明，当一边市场的被俘获用户越多，说明该市场需求弹性越小，可以适当提高该市场价格而不造成该市场用户流失，这个结论与传统价格需求弹性和定价关系一致；另外，一边市场中优质用户的价值是能为另一边市场贡献更大的外部性特征，从而另一边市场用户更愿意加入平台，平台企业可以通过让利吸引优质用户加入，从而从另一边市场收获大部分利润的盈利办法。

从建立对双边市场平台企业定价的理论模型角度，现有文献普遍认同的方面包括：一是不能割裂市场两边平台对双边的定价。因为平台与双边用户的需求是不可分割的，对一边定价的结果必须要仔细考察另一边用户的特征、反应和在另一边市场特征的基础上进行。二是定价与平台对双边用户提供服务的边际成本关系复杂，定价结果更强调反映双边用户的需求特征。具体细节上，从模型应用角度归纳，Rochet 和 Tirole 的系列文章主要是针对适合交易存在的支付系统等分析，平台企业在追求利润最大化时，先是追求交易量，即促进更多的双边用户加入并使用平台进行交易或者发生相互作用。因而，利润函数中交易量采取了最大潜在交易量的形式。而 Armstrong 的双边市场竞争一文中的模型主要适用于双边用户不是交易关系，如即时通信、交友中心等，效用函数采用网络外部性的模型，平台企业的利润来自平台企业在各市场的利润之和。

虽然在平台企业定价方面已经有丰富的研究成果，但现有研究对捆绑等实践中常用的差别化定价策略的效果分析非常少，如 Choi（2007）研究的背景是一个垄断平台企业（操作系统企业）和一个竞争性供给的互补双边平台式产品（媒体播放器），当媒体播放器的消费者存在多平台使用的情形，操作系统企业捆绑媒体播放器行为对社会福利的影响。他的研究侧重点主要在于考虑播放器平台用户存在多平台加入特征，对操作系统企业捆绑媒体播放器行为的影响，这一研究的目的是质疑欧盟对微软的反垄断诉讼中，应用传统理论分析微软视窗系统捆绑 Media Player 播放器的合理性。再如 Rochet 和 Tirole（2003b）分析了银行卡产业中受理所有卡规则的福利影响，认为卡组织利用这种强制规则的搭售行为所产生的效果。只是他们所分析的对象都是西方市场发展背景下的，对于新兴平台企业在最初构建双边市场的各边时所采取的价格策略，如捆绑的效果几乎未涉及。

第三节　网络外部性与交叉网络外部性理论

一、网络外部性理论研究的主要方法

Rohlfs（1974）最早提出了网络外部性（又称为自网络外部性）的概念，他认为网络外部性是需求方规模经济的源泉。当一种产品对消费者的价值随着其他使用者数量增加而增加时，就说这种产品具有网络外部性。Katz 和 Shapiro（1985）对网络外部性进行了重新定义：随着使用同一产品或服务的用户数量发生变化，每个用户从消费此产品或服务中所获得的效用也发生变化。根

据 Katz 和 Shapiro（1985）的定义，网络外部性可分为自网络外部性与交叉网络外部性。其中，自网络外部性是指消费者消费某种产品的价值会随着消费与该产品相兼容产品的其他消费者数量的增加而增加；交叉网络外部性则是指消费者消费某种产品的价值随着与该产品相兼容的互补性产品种类的增加而增加。

根据 Economides（1996）的研究，对于网络外部性特征的理论分析在研究方法上主要有两种：一种是宏观分析方法（Maco Approach），另一种是微观分析方法（Micro Approach）。宏观分析方法用于对自网络外部性问题的研究，而微观分析方法主要应用于对交叉网络外部性问题的研究。由于该领域的主流文献中运用的都是宏观分析方法，而本书的研究也主要采用该分析方法，故我们这里只介绍宏观分析方法。

宏观分析方法的研究思路是首先假设存在网络外部性效用，并在此基础上研究网络外部性在市场结构以及技术选择决定中的作用以及效应。宏观分析方法假设消费者最多购买一单位的产品，且对自己欲购买的产品所在的网络容量大小的预期是可实现的预期（Fulfilled Expectations），即消费者事前预期的厂商的网络容量与事后实际实现的厂商的网络容量是一致的。若消费者的类型为 θ（如消费者对产品的偏好或者口味参数等），则其购买一单位产品所获得的总效用 $U(\theta, Q)$ 为：

$$U(\theta, Q) = W(\theta) + v(Q) \qquad (2-1)$$

式（2-1）中，$W(\theta)$ 为消费者获得的产品的内在价值，是其类型的函数；$v(Q)$ 为产品的网络价值，是厂商实际网络容量 Q 的递增函数。

特别的，大多数文献目前所采用的网络价值函数的简化方法都是将其线性化，即 $v(Q) = \eta Q$。其中，η 表示的是网络外部性强度，即单位网络容量的增加给消费者带来的额外的网络价值。此外，有些学者也考虑了产品的网络价值与内在价值存在乘数作用的效用函数形式 $U(\theta, Q) = W(\theta)v(Q)$，这表明消费者购买产品所获得的网络价值与其类型相关，而不是完全相同的。

二、网络外部性的基础理论研究

Rohlfs 认为有关网络外部性特征的研究对象主要涉及两个方面：一是在需求方面，即用户的技术采用决策。二是关系到供给方面，即企业技术选择和推进的方法。从需求方面研究网络外部性的文献是 Farrell 和 Saloner（1985，1986b）的研究，而从供给方面研究网络外部性最经典的文献是 Katz 和 Shapiro（1985）的研究。

Katz 和 Shapiro（1985）的论文可谓网络外部性领域最为经典的文献，他们开创了网络外部性的宏观分析方法，也就是消费者对 Cournot 均衡下各厂商网络容量的可实现预期的分析范式。他们基于静态的 Cournot 竞争模型对完全兼容与非完全兼容情况下的产业总产出进行了分析。研究表明，完全兼容时产业的总产出高于任何非完全兼容时的产业总产出。进而，他们又探讨了在单边支付（Side Payment）可行、标准化以及通过转换器实现兼容三种情况下各厂商的兼容性激励问题，并得到了一个十分重要的基本结论：用户安装基础或者说网络容量较小的厂商比较大厂商更具有更大的兼容性动机。

同时，Farrell 和 Saloner（1985）则考察了网络外部性和兼容性对技术采用与 R&D 投资的影响。他们考虑企业间序贯决策是否从老技术转向新技术的问题。如果所有的企业都能从采用新技术上受益，则在企业间协调一致和信息完全的条件下，所有的企业都会采用新技术，不存在阻碍新技术采用的过度惰性。相反，如果信息不完全，则存在阻碍性技术采用的过度惰性。在 Farrell 和 Saloner（1986b）的研究中，由于在使用技术上用户关心预期协调问题，同时不同的用户对不同的技术偏好存在差异，网络外部性的存在导致两种潜在的低效率：过大的惰性（Excess Inertia）和过强的冲力（Excess Momentum）。他们的研究表明，以前的用户将形成老技术的用户安装基础，同时也就形成了新技术进入市场的壁垒（由于过度的惰性），因此消费者序贯的技术采纳决策和市场信息的充分性将有助于克服这种过度的惰性，并促进技术创新与新技术的采用。Farrell 和 Saloner（1988）也同样对网络外部性下的用户协调问题进行了类似的研究，得到的结论也比较类似。

在序贯竞争环境中，产品的预先公布与渗透性定价对消费者的产品购买起到了十分重要的影响作用。对此问题，Katz 和 Shapiro（1986a）在自己 1985 年文章的基础上讨论了当某种技术被赞助时市场对技术的选择问题。他们最主要的观点是认为当某种技术被赞助后，那么从社会最优的角度来看，"错误"的技术将可能被市场所采纳。Katz 和 Shapiro（1986b）则相应地考察了产品采用和引入市场的不确定性对消费者产品购买与厂商竞争的影响。

Economides（1996）则将网络外部性移入到完全竞争、垄断竞争、寡头垄断以及完全垄断的市场结构中进行了系统的分析，并归纳了网络外部性研究的宏观分析方法与微观分析方法。Economides 正式分析了网络产业中企业网络形成的过程，提出了临界容量（Critical Mass）的概念，并得到了如下几个重要结论：在存在网络外部性的市场中，完全竞争下的市场规模最大，但小于社会最优的市场规模，而完全垄断下的市场规模最小；网络市场中存在临界容量的条件是市场的网络外部性强度足够大，或产品为纯网络产品，或高偏好的消费者足够多，从而支付意愿高的消费者比例足够大；网络外部性的存在并不能成为支持完全垄断的市场结构的理由；四种市场结构下企业网络形成的临界容量是一致的。

三、交叉网络外部性的特征及研究

以 Armstrong（2002）等为代表，从交叉网络外部性角度对双边市场进行了界定和研究。交叉网络外部性又称为间接网络外部性，是指双边市场中，一边市场用户获得的网络外部性收益随着另一边用户数量的增加而增加。交叉网络外部性是双边市场的主要特征。这个重要的概念显然包含着几层含义：首先是"外部性"，说明每个市场中有利益溢出；其次是"网络外部性"，意味着溢出的利益是与市场规模成正比的；最后是"交叉"，强调这种利益的溢出并不是如传统的网络外部性理论所讨论的那样，在一个市场内部由一个用户向其他用户溢出，而是在不同市场的终端用户之间相互溢出。

Neil（1995）从实证角度考虑了在存在交叉网络外部性的条件下，四种文件在 PC 软件市场上传输数据的兼容性标准的价值。结果是，在解释价格变化方面比较显著的只有 LOTUS 文件，它的显著性主要体现在电子表格和数据库管理系统市场。

Rochet 和 Tirole（2005）讨论了交叉网络外部性定义双边市场可能造成双边市场研究范畴的泛化问题。他们假设平台厂商可以观察到交易量以及用户从交易中获得的边际收益，并且平台厂商设定的交易费为用户从交易中获得的全部收益。他们认为，在价格结构满足价格总水平约束的情况下，使得交易量最大的一对双边市场价格是唯一的，那么这样的市场就是双边市场。Rochet 和 Tirole 所建立的基于交叉网络外部性的双屏市场平台结构基本模型，推导出了价格结构非中性的结论。

在 Armstrong（2006）关于交叉网络外部性的研究中，他基于三种不同的存在交叉网络外部性的市场建立了模型，这三种市场分别为垄断平台、竞争性平台（但用户只能加入一个平台）和"竞争力的瓶颈"（Competitive Bottlenecks），其中一边用户加入所有平台。研究发现市场均衡价格的决定因素是：

（1）交叉网络外部性的大小。

（2）是一次性收费还是在每笔交易的基础上征收费用。

（3）用户是加入一个平台还是加入多个平台。

第四节 价格离散的相关理论

Stigler（1961）最早提出了价格离散这一概念，所谓价格离散是指同一类商品的价格分布相对于某一中心的偏离程度。也就是说，在某一时刻同质商品以不同的价格销售。自价格离散这一问题提出以来，便受到了学术界的广泛关注，大量的实证研究与理论研究应运而生。从广义上来讲，由于市场上信息的不完全导致了价格离散现象的产生,而搜寻是有成本的,因此对于价格离散问题的研究主要基于搜寻理论。

一、传统市场中价格离散研究

传统的经济学模型认为,自由进入的市场,随着企业竞争的加剧,市场均衡时,同质产品的价格将相同,并且等于边际成本的价格。然而,这些模型并不能很好地解释市场中的现实情况,直到搜寻理论的出现,才基本解决了这一问题。搜寻理论认为,人们对信息的搜寻是有成本的。既然存在搜寻成本,那么对搜寻者而言,所面临的选择就是"搜寻"或"停止搜寻"。然而,随着搜寻次数的不断增加,来自搜寻的边际收益总是下降的。当搜寻活动使搜寻的预期边际收益等于边际成本时,搜寻活动才会停止。这就是说,从一个给定的搜寻次数中得到的边际收益越大,价格的差距也就越大。通过搜寻模型,经济学说明了价格离散现象。

最为经典与最具开创性的文献是 Stigler(1961)的研究,他建立了信息搜寻模型,指出搜寻是需要花费成本的,市场研究的结果不同于完全信息的情形,由于市场信息的不完全,将会导致资源的不合理配置。可以说,Stigler 奠定了信息经济学的研究基石,也开创性地研究了价格离散问题。Stigler(1961)的研究发现:倘若搜寻边际效益不变,但搜寻成本可变的情况下,则买家的最优搜寻活动(次数)是搜寻成本及价格离散程度的函数。若买家的搜寻成本增加,则买家进行的搜寻次数会减少。当市场中价格离散程度高时,搜寻的边际收益会提高,买家的搜寻次数也会增多。

自 Stigler(1961)以来,有关搜寻成本对均衡价格水平和价格离散(Price Dispersion)的影响的模型很多。Manning 和 Morgan(1982)对 Stigler(1961)的模型进行了拓展。Stigler 假设买家只购买一单位产品,而 Manning 和 Morgan 放宽了该假设,即买家产品的数量跟买家的预算约束有关,并通过效用最大化求解得到。但 Stigler(1961)与 Manning 和 Morgan(1982)的模型均存在不足,在这两个模型中都假设买家搜寻完所有的卖家之后,再与报价最低的卖家进行交易。然而在现实生活中,当市场的商品价格符合一定的价格离散函数的条件,买家有可能很早就搜寻到最低报价,倘若在这种情况下买家仍继续进行搜寻是不经济的,而不是像模型所假设的那样,买家搜寻完所有的卖家才停止。

McCall(1970)建立了连续搜寻模型,该模型假设待业者在搜寻工作之前不决定搜寻的次数,而是连续搜寻,在获知企业提供的报酬后,再决定是否接受该份工作,如果接受则停止搜寻新的工作,否则拒绝该工作继续搜寻。该模型假定待业者对工资薪酬有一定的心理预期,若找到工作,其待遇高于预期工资,那么该待业者会接受该工作,否则继续搜寻。从以上的分析可以看出,连续搜寻模型研究的结论是:当买家预期的边际收益大于边际搜寻成本时,买家会继续进行搜寻,否则买家停止搜寻。此外,搜寻成本的提高,会降低买家的搜寻次数。该模型在一定程度上弥补了 Stigler(1961)与 Manning 和 Morgan(1982)的模型的不足,不必像 Stigler(1961)与 Manning 和 Morgan(1982)的模型那样将所有卖家都搜寻完,避免了过度的搜寻活动。

Salop 和 Stiglitz(1977)研究了不完全信息的消费者可以通过付出一定的成本成为完全信息的消费者。在这一假设前提条件下,使得市场达到垄断竞争均衡,且同质商品定价存在价格离散。本书中消费者之间的不同在于他们获得信息所花费的成本,搜寻成本的差异使得卖家可以进行歧视性的垄断竞争而避免了在完全信息情况下的完全竞争。即使消费者的搜寻成本和需求函数相同,价格离散现象仍然可能产生。Carlson 和 McAfee(1983)建立了关于卖家价格设定以及买家搜寻方面的市场均衡模型。通过一系列的比较静态预测分析,该文得到了卖家之间成本的不同、买家搜寻成本的不同以及税收将如何影响市场价格均值和价格分布的方差。同时该模型也解释了一个卖家的需求是由该卖家产品的价格与市场价格均值之间的差距决定的。

而在 Butters(1977)的模型中,将广告推广活动引入到搜寻模型中。Butters 假定卖家销售的商品是同质的,市场中买家和卖家的数量足够多,而每个买家只购买一单位产品且买家的保留价格相同。对于卖家来说进行广告推广活动是需要花费成本的，这也就决定了卖家不可能任意增加投放广告数量。研究发现：市场中的价格离散程度与买家的搜寻成本、保留价格以及卖家的广告成本有关。定价较高的卖家比定价较低的卖家投入更多的广告推广活动以吸引更多的买家与其交易。随着广告成本的降低，市场中的价格分布均值减小，但价格离散程度可大可小，视情况而定。随着买家保留价格的降低，市场均衡时，卖家对产品的定价提高，且市场中价格离散程度加剧。

在实证方面，Dahlby 和 West（1986）研究了汽车保险价格离散问题。他们利用 1974~1981 年阿尔伯达的汽车保险数据。研究发现：某年的保险金额与司机的级别高度相关，而当司机的驾龄超过 5 年后，保险金额与某一司机的级别不相关。保险公司在 25 岁以上司机和 25 岁以下已婚男性中的相对市场份额和他们与平均保费的偏差成反比。在这些司机级别中，实际的保险金额方差随着市场中保险公司数量的增加而减少，而随着投保汽车实际损失成本以及投保汽车数量的增加而增加。从这些结论得到阿尔伯达的汽车保险价格的离散程度与投保者的搜寻成本有关。

二、销售渠道的异质性理论

随着电子商务的不断发展，网上市场与传统零售的渠道竞争越来越激烈，从而不同渠道之间的竞争以及卖家定价之间的价格离散已成为重要的研究领域。在卖家制定竞争策略的过程中存在几个重要的问题：为什么对于同样的商品，实体店卖家销售的价格会比纯网络卖家的高？为什么实体店卖家提供的服务明显比纯网络卖家提供的好？为什么纯网络卖家获得较低的利润或者没有利润，而其实体店的竞争对手能够获得大幅度提高的利润？回答这些问题对于市场营销和经济学研究以及实践都具有重要的启示，因为在涉及多渠道的不同零售市场，这些问题的回答能够对竞争和走产异化路线提供更多的见解。管理实践中，随着实体店与纯网络卖家不断增加的竞争局面，对这些问题的答案将帮助卖家做出更明智的决定价格和服务。

在网络应用的初期，Bailey（1998）对书籍、CD 和软件 1996~1997 年的网上售价和传统渠道销售的价格进行了对比,调查发现所有类别商品网上售价都比较高。Clay Krishnan 和 Wolff（2001）发现书籍在这两种渠道中销售价格并没有明显差异。Brynjolfsson 和 Smith（2000）通过实证对网上交易市场与传统市场中价格离散程度进行了对比。他们通过对网上交易市场中书籍和 CD 这两类同质商品进行数据分析,经过 15 个月收集了超过 8500 个数据,并且比较了 41 家网上卖家和传统卖家直接的定价行为。研究发现：网上交易市场中卖家的定价普遍比传统卖家定价低 9% ~ 16%,这些价格中包含了税收、运费等。此外他们还发现尽管网络卖家调整价格的次数超过 100 次,但是仍比传统卖家调整价格的次数少,这或许反映了网上销售渠道的菜单成本比较低。另外还发现雇佣方式对价格离散程度有很重要的影响。他们通过对网上卖家定价之间的比较发现,网上交易市场中的定价非常分散,网上卖家对书籍的定价差异平均高达 33%,而对 CD 的定价差异平均也高达 25%。然而,将市场份额作为权重重新分析这些价格后,发现网上销售渠道要比传统销售渠道中价格离散程度低,这也反映出了品牌卖家的一定霸主地位。

Brown 和 Goolsbee（2002）发现,由于网络的影响,寿险行业的定价不断降低。Erevelles, Rolland 和 Srinivasan（2000）发现维生素网上的售价要比传统卖家的高。Morton, Risso 和 Zettelmeyer（2001）对加州汽车经销商定价问题进行了研究,发现网上价格比网下价格低 2%。Ancarani 和 Shankar（2004）发现在意大利书籍和 CD 的价格,网上卖家的价格比网下卖家的价格低 4% ~ 6%。总之,这些研究认为,在当时的环境下,网上卖家的定价一般要比网下卖家的定价低。然而,这些研究并没有对比纯网络卖家与 Bricks – and – clicks 卖家定价的差异。

在一项有关纯网络卖家与 Bricks – and – clicks 卖家价格对比的研究中,Tang 和 Xing（2001）发现 DVD 的纯网络卖家的定价要明显低于 Bricks – and – clicks 卖家的定价（平均低 14%）。然而,他们的研究仅仅局限在一个产品类别,同时没有控制可能的驱动价格的影响因素,也没有提供相关的理论依据。Pan, Ratchford 和 Shankar（2002）基于享乐回归分析,研究发现,CD、DVD、台式电脑、笔记本电脑、掌上电脑等几类电子商品纯网络卖家的定价要比 Bricks-and-clicks 卖家的定价低，而对于书籍和电脑软件产品纯网络卖家的定价要比 Bricks-and-clicks 卖家的定价高。综合起来看，这些研究认为，一般情况下，纯网络卖家的定价要比 Bricks-and-clicks 卖家的定价低。然而，这些研究并没有基于任何理论模型。

少数理论文章研究了不同零售渠道卖家之间的定价问题。Balasubramanian（1998）分析了直接邮递卖家与传统卖家之间的竞争。研究表明：当商品不能适应直接邮递渠道销售时，直接邮递卖家对商品的定价高于传统实体店卖家的价格；而当商品能够适应直接邮递渠道销售时，直接邮递卖家对商品的定价低于传统实体店卖家的定价。这一研究指出了商品类型与销售渠道之间的匹配性问题，这也说明了价格离散程度与商品类别是有关系的。Druehl 和 Porteus（2001）通过纵向差异模型分析了实体店卖家与纯网络卖家之间的价格竞争问题，发现即使网络卖家提供更低价格的商品，网络卖家的市场份额却不比实体店卖家的市场份额占优。他们的研究仅仅是网上卖家和实体店的竞争，并没有比较 Bricks-and-clicks 卖家与纯网络卖家直接的价格竞争问题，在如今的市场环境下，他们研究的情形不具有普遍性。Pan，Shankar 和 Ratchford（2002）建立了 Bricks-and-clicks 与纯网络卖家之间的价格竞争模型，研究表明两种零售渠道之间存在价格离散现象，并且纯网络零售商的价格要比 Bricks-and-clicks 的定价低。然而，这些研究都没有尝试解释为什么实体店卖家的定价高于纯网络卖家的定价；哪种类型的零售商可能获得更多的利润；为什么不同类别的商品价格离散程度不同。尽管对于网上交易市场来说，同时考虑服务质量和价格水平是非常重要的，但是这些研究仅仅集中于零售商的价格竞争而忽略了服务水平的竞争。

为了回答前面提出的问题，不同卖家之间的竞争模型是需要考虑卖家的服务决策的。Pan，Ratchford 和 Shankar（2002）通过对超过 100 家的卖家进行实证调查，发现卖家不仅在价格方面不同，而且在提供的服务方面也是不同的。Pan，Ratchford 和 Shankar（2009）证明了卖家提供的服务水平是网上交易市场价格离散的重要驱动因素之一。然而，在他们的实证模型中，卖家提供的服务水平被视为外生的。倘若在零售市场中价格和服务非常重要这是事实，那么将服务内生化对卖家做决策来说是非常重要的。

很多卖家往往采取差异化策略来降低卖家之间的竞争性。Shaked 和 Sutton（1981）认为，纵向差异是指卖家以不同的质量水平提供产品或者服务。在纵向差异化模型中，尽管消费者对于不同质量的产品或者服务愿意支付的价格不同，但是在其他条件相同的情况下，所有的消费者偏好高质量的产品。横向差异被广泛应用在 Hotelling 模型中，横向差异是指当消费者不具有一致偏好时，卖家在诸如商铺位置、产品颜色、零售渠道等方面，如何选择产品或服务维度的差。以往的研究已经建立了多维差异化模型。为了调查在涉及两个纵向差异属性时，两个卖家如何定位自己的产品，Vandenbosch 和 Weinberg（1995）建立了一个二维纵向产品差异化模型。研究发现市场均衡时，卖家总会选择使一个维度的差异最大化，而另一个维度的差异最小化。然而，他们的研究并没有考虑到横向差异化。Ansari，Economides 和 Steckel（1998）建立了三维 Hotelling 模型，该模型得到的结论与 Vandenbosch 和 Weinberg 研究的结论类似，即基于不同维度的相对权重，卖家总会选择使一个维度的差异最大化，而使其他维度的差异最小化。这些研究结果就是大家所熟知的"最大—最小原理"或"最大—最小—最小原理"。

Economides（1989）以及 Neven 和 Thisse（1990）建立了二维差异化模型，该模型中的卖家在质量（纵向差异）、种类（横向差异）和价格三方面进行竞争。Economides 假设卖家首先对产品的种类做出决定，然后再决定产品的质量和价格。研究发现市场均衡时，卖家会选择最大化产品种类的差异，而使产品质量的差异最小化。Neven 和 Thisse（1990）假设在博弈过程中，卖家在第一阶段对产品的种类和质量同时做出决定，而在博弈的第二阶段决定产品的价格。研究结果与 Vandenbosch 和 Weinberg（1995）的类似，即在市场均衡时，两个卖家均会选择使得一个维度的差异最大化，而使其他维度的差异最小化，质量范围和种类范围的相对大小决定了该维度的最大差异化。

然而，Pan 等（2009）研究得出的结论与以往研究的结论是不同的。他们将卖家提供的服务水平视作纵向差异维度，卖家的销售渠道视作横向差异维度，并外生性地假定两个卖家位于横向维度的两端，最大差异化了横向维度。他们发现卖家并不像 Economides（1989）所说的那样总是选择最小化纵向差异（在服务维度）。相反他们的研究结果显示：相对于消费者对零售渠道的偏好，当消费者愿意支付足够大的卖家服务水平差异时，卖家会最大化服务差异。相对差异程度，连同服务水平范围以及单位运输成本，决定了实体店和纯网络卖家选择所提供的服务差异水平和制定不同的价格水平。市场均衡时，卖家制定的策略要么是"最大—最小"，要么是"最大—最大"。该模型通过单一的框架研究了卖家的销售渠道、提供的服务和制定价格的决策问题，使得我们更好地理解电子商务和网上交易市场，也对卖家的策略制定有重要启示，如随着自己和竞争对手的服务决策，卖家知道如何提供差异化服务，并且如何设定自己的最优价格。它从消费者预期差异的角度解释了为什么不同类别的商品其价格离散程度不同。结果表明，跨渠道的价格差异并不是简单地由于普遍认为的成本不对称性导致的，即使是提供服务没有任何成本，由于差异化的动机，博弈参与者并不会都选择提供一样的服务。

三、网上交易市场中价格离散研究

消费者普遍认为网上交易市场中的搜寻成本较低，这使得买家可以以较低的成本获得更多的价格信息，并且也认为网络交易市场比传统市场更具有竞争力。如果网络交易市场具有高度的竞争性，那么价格离散现象应该从网络市场中消失，这是因为价格离散被认为是信息不完全导致的，而在网络市场的低搜寻成本情况下，买家将不会面对信息不完全这一状况。

Bakos（1997）研究了当每个卖家只有一个网店时，不同的搜寻成本对卖家竞争的影响。研究发现，当搜寻成本低于买家所搜寻到产品的低价格时，卖家之间的竞争增加。由于网络使得买家搜寻更加容易，因此网络中的价格竞争趋于激烈。而当搜寻成本高于买家所搜寻到产品的低价格时，卖家之间的竞争趋缓。事实上，Lynch 和 Ariely（1999）关于 Weblike 的实验结果印证了 Bakos 的结论。Zettelmeyer（1998a）研究了在控制买家获取不同卖家产品信息数量的前提下，两种不同零售渠道的卖家之间的竞争问题。研究发现卖家可以实现跨渠道地对卖家进行精细分割，并通过策略性地影响搜寻成本来降低卖家之间的竞争。

经济学理论认为，激烈的竞争将导致价格下降。搜寻理论预测，大量的广告宣传使得物品价格普遍较低。鉴于在互联网上搜寻几乎无成本，它可能是所有销售渠道中被认为最接近于大量宣传的。为了探讨这些问题，Clay，Krishnan 和 Wolff（2001）分析了网上销售渠道中的竞争结构、广告、价格和价格离散之间的关系。他们收集了 1999 年 8 月~2000 年 1 月的网上图书价格数据，该数据中超过 399 种书籍，这些书籍包括《纽约时报》畅销书以及电脑畅销书等。研究发现，激烈的竞争导致市场均衡时产品价格较低，而价格离散程度也较小，市场的竞争结构保持不变，同时广泛的广告推广活动也会使得产品的定价较低。产生这一结果的可能解释是卖家在成本、产品等方面都存在差异。

Pan，Ratchford 和 Shankar（2002）对网上交易市场中的价格离散问题进行了实证研究。他们通过对 105 家网上卖家的 8 大类 581 小类产品的 6739 个定价的实证观察研究后发现，即使控制了卖家的一些差异，网上交易市场中的价格离散现象仍然存在。他们得到的一般结论为：网上卖家的特征对价格离散程度的解释力度很小，并且在控制了卖家的服务质量差异后，除了书籍和电脑软件，纯网上运营的卖家的产品定价小于等于网络与实体店经营模式的卖家的定价。

然而，这些实证研究针对的产品大多是低成本且同质的产品，Eric，II - Horn 和 Lorin（2002）通过非常重要的网上旅游代理商（OTAs）提供的航空机票报价来验证价格离散的存在以及产品的异质性。他们通过对 5 家网上旅行代理商同时发出超过 900 张机票的需求进行了研究，研究发现在给定买家需求一定的情况下，不同的网上旅游代理商在提供的产品特点和价格方面都存在着明显的不同。这些差异性归因于代理商提供的产品具有差异，包括机票质量差异（最小化中转次数、头家起飞地的需求以及回程时间等）和机票价格差异。然而，即便是考虑了机票的质量差异后，机票的价格在不同的网上代理商间，价格差异达到了18%。此外，对于买家同样的需求，一家网上代理商提供的回程机票的价格要比另一家代理商提供的差2.2%~28%。这也说明网上旅游市场中价格离散和产品差异是同时存在的。

这些实证研究说明网上交易市场中的价格是相当离散的，并没有比传统市场中的减小。也就是说，即使在一个搜寻成本可能很低，消费者搜寻动机强烈的市场中，也存在着不同服务提供商之间的价格差异。对于出现这种情形的可能解释是，传统市场中普遍存在的搜寻成本被新型成本所取代。此外，从理论上讲，网上交易市场中具有更高的信息透明度，即使卖家在销售同质商品时，由于消费者偏好的异质性及其卖家提供产品质量的不确定性，因此卖家可以通过细分市场（如提高用户界面质量、提供更好的服务等）来缓解价格竞争。

网络市场中的交易与传统市场中的交易最大的不同点可能在于买卖双方信息的不对称性上，在网上交易中我们只能通过卖家对商品的描述、图片，以及曾经买家的评分、评论等了解卖家和商品的大致信息，对于卖家是否能够诚信交易买家是不确定的。而在传统的实体店交易中，买家可以通过观察、接触、试穿等途径了解到商品的具体信息，如果达到买家的要求即可完成交易。因此，在网络交易中的交易风险要比传统交易市场中的交易风险大得多。那么我们可以通过何种手段在网上达成交易之前就有效地降低风险呢？此时卖方声誉的高低对消费者的重要性就凸显出来。Kandori（1992），Ellison（1994），Okuno-Fujiwara 和 Postlewaite（1995）等把标准重复博弈中的无名氏定理扩展到非频繁的随机匹配博弈中。他们的研究表明，只要社区规模不是很大，欺骗者能够准确地被识别并且社区中所有交易者都可以以较低的成本了解信息，那么依靠众口相传（Word-of-mouth）这种信息传递方式就可以保证声誉机制能够发挥作用。Greif（1993）、Clay（1997）的研究表明，只要社区规模不是很大，信息的传递比较通畅，只依靠声誉机制就可以保证交易的顺利进行。如果社区规模比较大，没有地缘或血缘等社会关系的支持，信息收集和传递的成本是非常高的，这时就必须依赖第三方中介来发挥作用。Milgrom，North 和 Weingast（1990）、Bernstein（1992，2001）、Gambetta（1993）、McMillan 和 Woodruff（2000）的研究表明，商会、行业协会等第三方中介给社区内部的交易者提供违约的信息，这种第三方中介支持的声誉机制可以保证交易的顺利进行。

Kalyanam 和 McIntyre（2001）选择了个人数字助理（PDA）的数据来验证声誉机制的作用，发现卖家的声誉对最后的成交价有正的影响；差评的影响要大于好评的影响；差评的效应递减。McDonald 和 Slawson（2002）选取了芭比娃娃玩具（Barbie Doll）作为研究对象，计量回归验证了卖家的声誉机制发挥作用这一结论。Melnik 和 Alm（2002）采集了面值 5 美元的金币的数据，发现卖家声誉对拍卖价格有正的影响。Livington（2005）收集了一种高尔夫球杆的交易数据作为研究对象，发现声誉对最后成交价有递减的正效应。Houser 和 Wooders（2006）通过收集英特尔奔腾三 500 兆赫兹（Intel Pentium Ⅲ 500mhz）计算机芯片来考察卖家声誉（用信用度来衡量）对卖家拍卖价格的影响，发现卖家信用度在经济上和统计上都对价格有显著的影响。Lucking – Reiley 等（2006）通过收集面值 1 美分的美国收藏硬币来考察声誉对卖家拍卖价格的影响，发现卖家声誉对拍卖价格有显著影响，而且与好评相比，差评对价格的影响更大。总的来说，这些文献的结论是卖家的声誉（好评或差评，或者两者）对拍卖商品的成交价格有显著的影响。

Brynjolfsson 和 Smith（2000）认为，尽管网上交易市场在竞争、品牌和透明度方面"摩擦性"比较小，然而不同网上卖家之间的差异是比较明显的，卖家品牌/声誉是网上交易市场中价格离散产生的重要原因。Du（2004）也认为卖家品牌/声誉是网上市场均衡价格离散的一个原因。但这两篇文章并没有对此做出理论分析。搜寻成本不仅会对不同声誉水平卖家的定价策略产生影响，还有可能削弱网上市场中声誉机制的作用。如果卖家销售的都是同质商品，成本也相同，由于高声誉卖家具有声誉优势，当搜寻成本较低时，买家可以很方便地搜寻到高声誉卖家，高声誉卖家就可以通过价格竞争将低声誉卖家驱逐出网上市场。但是，低效的浏览和搜寻工具导致买家要付出一定的搜寻成本才能找到声誉较高的卖家，为了节省搜寻成本，买家有时不得不选择低声誉卖家。为了与高声誉卖家竞争，低声誉卖家制定较低的价格。这样，即使在一个完全同质的产品市场上，不同声誉水平的卖家也有可能同时存在。

李维安、吴德胜、徐皓（2007）研究了在法律缺失或法律不完善情况下网上交易中声誉机制的作用。他们从淘宝网上收集了魔兽世界点卡共364个有效数据进行计量回归分析，结果显示，卖方的声誉对其销售量有正面的影响，但这种影响存在两个临界点：低于下临界点，卖家商品的销售量不会因卖方信用度的降低而减少，高于上临界点，卖家商品的销售量也不会因为卖方信用度的提高而增加。在一定时间内，加入商盟的卖家的销售量高于未加入商盟的卖家。他们的研究验证了网上交易中卖家个人声誉和卖家所属商盟集体声誉的作用，并认为网上交易市场存在较大的搜寻成本，这削弱了声誉机制的作用。但是，他们选取的魔兽世界游戏点卡虽然是一种比较接近完全同质的商品，但也是一种比较特殊的虚拟商品，不需要售后服务，也不牵涉商品网上描述与实际不符等问题，因此卖家违约或欺骗的行为非常少见，这导致卖家的好评率都非常高，差异也很小，买家在选择卖家时就不关心卖家的好评率，卖方信用度对交易的影响也比较小。

吴德胜、李维安（2008）通过理论模型来分析卖家声誉存在差异，而买家类型相同的情况下，网上拍卖市场中搜寻成本对价格水平和价格离散的影响，进而考察了搜寻成本对网上市场声誉机制的影响。研究发现搜索工具提高了网上交易市场的效率，但网上交易市场仍存在不可忽视的搜寻成本。然而这些研究仅局限于对交易双方的考虑，即研究中只考虑卖家与买家的交易行为，却忽略了网上交易市场与传统市场不同的特性，即网络市场具有双边市场的特性；同时也并未考虑到买家之间也存在差异，买家之间的差异将影响到其搜寻行为，这也将对网上交易市场中价格及价格离散情况产生影响。

四、网上交易市场价格离散问题现有研究的不足

上述国内外研究从各个角度对网上交易市场价格离散问题做出了富有成效的探索，但是仍然存在一些不足之处，主要表现在：

1. 实证研究较多，理论研究较少

在现有的文献中，有关网上交易市场价格离散问题的研究国内外学者大多集中于实证研究方面，通过对相关网站、相关类别、相关产品一段时间数据的收集整理，运用一定的分析方法，阐明网上交易市场价格离散现象的存在和价格离散程度的变化，以及价格离散程度在不同类别产品间的差异。无疑这些研究具有很高的学术价值，但是与之相比，通过现象来分析本质的理论研究就少得多。尽管有很多国内外学者进行了一些理论方面的研究，但是他们的研究并未把着眼点放到网上交易市场内部，而是进行了很多销售渠道异质性的价格离散研究。

2. 未能在同一框架下进行理论研究

通过阅读国内外的研究发现，在现有的理论研究中，尽管很多学者对价格离散产生的原因进行了细致的分析，同时也对影响价格离散程度的因素进行了研究，然而这些研究都在不同的理论研究框架下进行，不同的因素对于价格离散的影响以及这些因素之间的交互影响很难体现。同时，这些理论研究的结论尽管存在一定的一致性，但是很难进行价格离散程度间的比较。而进行统一框架下的理论分析无疑具有重要的研究价值。

3. 未能突出网络交易平台的重要地位

上述研究难以突出网络交易平台在网络产业研究中的重要地位，以及网络平台的策略对两边交易用户行为的影响。网络交易平台作为交易双方达成交易的重要媒介，其重要性决定了在研究网上交易市场相关问题时所具有的重要研究价值。然而时至今日，国内外鲜有涉足该问题的研究。网络交易平台制定的收费策略、交易规则、支付手段等行为都会对卖家的定价及买家的搜寻行为产生一定的影响，从而对网上交易市场中的价格离散程度产生影响。因此，忽视网络交易平台的行为特征使得网络经济中价格离散问题难以全面、深入、细致地进行剖析，同时也会导致研究结论与现实情况有一定的差距。

第三章　价格离散基本模型

本章从网上交易市场所具有的特征入手，逐步展开、逐层递进，依次对影响网上交易市场中卖家定价策略、买家搜寻行为，以及价格离散程度等问题进行了分析研究。并依次将平台收费、买家搜寻效率差异化、广告推广活动，以及交叉网络外部性等网上交易市场中所具有的特征进行有机地结合，建立了本书的基本模型，为后续研究提供了依据。同时，建立了价格离散程度的度量方法。

第一节　引言

随着网上交易市场的不断发展，价格离散问题已经成为重要的研究内容。尽管"一价定律"说明在高度竞争的市场中所有卖家将制定相同的价格，然而大量的证据表明价格离散是存在的，这种现象不仅仅在传统市场上明显，而且在网上交易市场中同样明显。针对这一问题，早期的研究多从实证和理论的角度进行。

如 Brynjolfsson 和 Smith（2000）与 Du（2004）认为零售商品牌/声誉是网上市场均衡价格离散的一个原因，但并没有对此做出理论分析。李维安等

（2007）发现，即使在同质产品的网上市场中，卖家的声誉差别也很大，既有信用度在两万点以上的资深卖家，也有信用度只有几点、十几点的小卖家，而且高声誉卖家商品的价格也较高，也就是说，买家愿意为高声誉卖家的商品付出较高的价格溢价。吴德胜、李维安（2008）考虑了买家类型相同时的价格离散问题，认为较高的搜寻成本导致不同声誉水平的卖家同时存在于网上交易市场，为了同高声誉卖家竞争，低声誉卖家产品的价格较低；搜寻效率的提高降低了均衡价格水平；网站提供的推广服务也可以降低搜寻成本，降低价格水平。然而，这些研究考虑到的影响因素仅仅从卖家声誉具有差异和买家保留价格具有差异的角度出发，却并没有考虑到网络市场所具有的与传统市场不同的特征，以及卖家与买家具有的其他特征角度对该问题进行分析。

由于网上交易市场的交易要通过交易平台完成，而交易平台具有价格调节功能。根据以往学者的研究发现，平台一般通过向用户收取固定费用和可变费用两种方式来实现其价格调节的功能。一般来说，平台的收费包括接入费（也称为入驻费）、保证金、服务费、扣点、交易佣金等，其中有的网络交易平台不收取接入费，只向商户收取交易佣金或扣点，而不同的网络交易平台收取的接入费也是有很大差异的。目前来看，为了降低经营中的风险以及卖家与买家的消费纠纷，绝大部分网络交易平台都向卖家收取保证金，而保证金的金额因为商品类目的不同从1000元到几万元不等。服务费的名目比较多，如软件费用、旺铺费、店铺模板费、数据分析费等。交易佣金或者扣点所有的网络交易平台都收取，只是扣点的高低有差别，通过统计分析发现不收取接入费的网络交易平台往往收取较高的扣点或者交易佣金。平台的收费会导致交易双方成本的增加，从而对买家与卖家的交易策略产生一定的影响。本章将从理论角度分析网上交易市场的平台收费策略对价格离散的影响。

在买家特征方面，除了买家具有不同的保留价格外，搜寻效率的差异也是买家具有的重要特征之一。对于一部分买家来说，通过多次购买或者通过其他途径的学习，对网络购物富有经验。以往的购买行为可以为下一次类似的购买行为提供一些知识和经验，如区分产品的质量、评估产品的性价比、获取卖家服务水平与售后服务质量等方面内容，这些都为此类买家的搜寻活动提供了正面积极的促进作用，使得买家在网络交易中的搜寻效率大大提高，进而可以节约搜寻花费的成本。但是对于另一部分买家来说，由于网络购物是一个全新的交易领域，对于网络的操作、搜索引擎的使用、卖家的区分等方面缺乏经验与知识，导致交易效率低下，尤其是搜寻效率低下。这类买家相比有经验的买家来说，在搜寻效率、搜寻成本方面处于劣势。因此，为了更好地分析网上交易市场中价格离散现象这一问题，本章将买家搜寻效率纳入到模型的分析中，以期得到买家搜寻效率变化对买家搜寻行为的影响，继而对卖家定价以及价格离散的影响。

广告推广活动是一种行之有效并十分重要的促销手段，在传统市场上如此，在网上交易市场中仍如此，因此将广告推广活动这一因素纳入到模型当中，具有一定的理论价值与现实价值。在吴德胜等（2008）的研究中已经考虑了广告推广活动对价格离散的影响，但是他们考虑该问题的前提条件具有一定的局限性。为了更好地分析这一因素对价格离散程度的影响，本章参考吴德胜等模型的设立形式，重新将该问题加以分析讨论。

网络外部性是双边市场的主要特征。此概念最早由 Katz 和 Shapiro 于 1985 年提出。学界通常将网络外部性分为两种：一种是自网络外部性（也称之为直接网络外部性），即一种产品的价值与使用相同产品或兼容产品的消费者的数量相关，消费者数量的增加会使所有消费者得到的收益增加。另一种是交叉网络外部性（也称之为间接网络外部性），即一类用户的数量（或他们的活动范围）间接地影响另外一类用户，这就是为何这种价值定名为"间接网络外部性"的原因。从对双边市场的界定来看，网上交易市场也符合双边市场的特征，也就是说，网上交易市场也属于双边市场。那么，交叉网络外部性对卖家定价策略及买家搜寻行为有什么影响呢？从国内外的研究文献中鲜有发现对该问题的研究，而从该角度对价格离散问题的研究更是很难发现。因此，本章将交叉网络外部性引入到搜寻理论的框架中，并建立了相关模型。

本章从网上交易市场所具有的特征入手，逐步展开、逐层递进，依次对影响网上交易市场中卖家定价策略、买家搜寻行为以及价格离散程度等问题进行了分析研究，并建立本书的基本模型。

第二节 基本假设与模型

假设一个网上交易市场中有 N 个卖家，卖家销售的商品是同质①的，商品的成本为 $p_c \geq 0$。假设对于买家来说该商品是耐用品，即交易行为是单期的，且每个买家最多购买一个单位该商品。据不完全统计，截至 2017 年淘宝网上卖家数量超过 940 万家，其中个人卖家数量在 600 万家左右，是中国最大的 C2C/B2C 电子商务平台，而在淘宝网上进行交易的买家有几亿家（2017 年整个网购用户规模据估计在 7.13 亿人左右）。因此本书假定买家的数目远远大于卖家的数目，不妨令买家的数目为 W。由于网上交易市场中，卖家具有很大差异，如地理位置、产品展示、支付手段、声誉水平、进入时间长短、销售总量、运输成本、快递手段、退货难易程度、售后服务等，在对卖家进行分类的时候，不同的指标可以将卖家分成多种类别。在这里以卖家的声誉水平作为分类的标准，用 q_j ($0 \leq q_j \leq 1$, $j = 1, 2, \cdots, n$) 来衡量卖家的声誉，其中 $n \leq N$，q_j 表示卖家在历史交易中选择合作行为（如退货退款方便快捷、发送货物及时等）的概率，因此买家预期 q_j 类型的卖家在未来交易中将会以 q_j 的概率选择合作行为，以 $(1 - q_j)$ 的概率选择欺骗行为（如退货困难、退款方式落后、延迟发货等），$j = 1, 2, \cdots, n$。由于卖家声誉具有严格的大小关系，我们将卖家的声誉进行排序，即 $q_1 > q_2 > \cdots > q_n$，并假设每类卖家所占的比例分别为 β_j ($j = 1, 2, \cdots, n$) 且 $\sum_{j=1}^{n} \beta_j = 1$。目前在中国的网上市场中，不同卖家所设

---

① "Homogeneous Goods" 的传统定义是特指商品、物品的，并不包含服务（Services）。同质商品严格地说需要在物品的功能、特性、品质上完全相同。所以具有相同材料、成分、功能，但不同品牌的物品一般不被认为是同质商品，如没有品牌的药和品牌药，即使功效相同也是异质商品。完全相同的物品，通过不同的销售商出售，一般认为是同质的。

置的运输费用是不同的,即使同一地理位置的卖家所设置的运输费用也是不同的,其中的原因既与选择的快递公司有关,也与目前中国网络市场中的市场规范不够健全有关。相比于中国的市场,美国的市场中,同一地区(或不同地区)的运输成本是基本一样的,因此在本书中,为了便于分析,假定所有卖家设定的运输费用是相同的,不妨设为0(这样设置也是合理的,卖家将运输成本归为商品成本 p_c 中)。假定相同声誉的卖家登录的产品价格相同,则卖家登录的商品价格分别为 p_j,$j=1, 2, \cdots, n$,其中 $p_j \geq p_c$。

由于买家在收入水平、教育水平、信息掌握数量、偏好等方面的差异,导致买家对同一商品的私有估值是不同的,即对该商品的保留价格存在差异,因此不妨令 W 个买家中,保留价格分别为 p^i($i=1, 2, \cdots, \omega$),其中 $\omega \leq W$,并假设每类买家所占的比例分别为 λ^i,$i=1, 2, \cdots, \omega$,且 $\sum_{i=1}^{\omega} \lambda^i = 1$。在一次交易中,如果卖家选择了合作,则买家可以得到 $p^i - p_j \geq 0$ 的效用;如果卖家选择了欺骗,则买家可以得到 d 的效用。卖家选择合作时买家得到的效用要大于卖家选择欺骗时买家得到的效用,$p^i - p_j > d$。本模型不考虑卖家在每一次交易中究竟是选择合作还是欺骗,假定所有的买家和卖家都是风险中性的。同时,这里假设买家只进行一次购买行为,即买家需要购买的商品是耐用品,这样长期动态的决策问题就变成了单期的最优化问题。

如果买家随机地选择交易对象,那么买家的效用为:

$$U^i = \sum_{j=1}^{n} \beta_j [q_j(p^i - p_j) + (1 - q_j)d] \quad i = 1, 2, \cdots, \omega \quad (3-1)$$

所有的买家更愿意与声誉高的卖家进行交易,买家可以通过搜寻(由于网络具有方便快捷、信息量大的特点,网络市场的搭建者可以提供一定的搜寻工具条,如可以根据商品类别、地域、价格高低等方式为买家搜寻提供方便,尽管搜寻的手段相对传统市场方便了许多,但是对于买家来说,要想从如此众多的卖家中选择声誉、价格都比较符合自己交易意愿的卖家也不是一件容易的事情)的方式提高与高声誉卖家交易的概率。

那如何区分哪些卖家的声誉较高、哪些卖家的声誉较低呢?根据上文的假设，将卖家按照声誉差异分成 n 类，取这 n 类排序后声誉的中位数：

$$\begin{cases} q_{\frac{n+1}{2}} & n \text{ 为奇数} \\ \dfrac{q_{\frac{n}{2}} + q_{\frac{n+2}{2}}}{2} & n \text{ 为偶数} \end{cases}$$

为了方便分析，不妨令 $T = \begin{cases} \dfrac{n+1}{2} & n \text{ 为奇数} \\ \dfrac{n+2}{2} & n \text{ 为偶数} \end{cases}$

则当 $j < T$ 时，卖家 q_j 可被认为是声誉较高类型的卖家，买家愿意与其进行交易；而当 $j \geq T$ 时，卖家 q_j 可被认为是声誉较低类型的卖家，买家不愿意与其进行交易。

为了便于理解本书的模型，我们将根据对问题的思考顺序，依次考虑不同情况下的模型，从简单到复杂，从而推导出最终的模型。

假定所有的买家搜寻效率相同，不妨用 m 表示搜寻活动的效率，m 越大，搜寻活动的效率就越低。当买家随机选择的交易对象为低声誉卖家时，买家可以付出 s^i 的搜寻活动，将其发现较高声誉卖家的概率提升 s^i 的幅度，同样较低声誉卖家的交易概率降低 s^i 的幅度。为了方便分析，假设买家投入 s^i 的搜寻活动，需要付出 $m(s^i)^2$ 的搜寻成本①。

则买家决定以适当的搜寻活动 s^i 来最大化其单期效用：

$$\max_{s^i} \left\{ \begin{array}{l} \displaystyle\sum_{j=1}^{T-1} \left(\beta_j + \dfrac{\beta_j}{\sum_{j=1}^{T-1} \beta_j} s^i \right) [q_j(p^i - p_j) + (1 - q_j)d] + \\ \displaystyle\sum_{j=T}^{n} \left(\beta_j - \dfrac{\beta_j}{\sum_{j=T}^{n} \beta_j} s^i \right) [q_j(p^i - p_j) + (1 - q_j)d] - m(s^i)^2 \end{array} \right\}$$

---

① 按照实际的搜寻过程来看，买家每进行一次搜寻活动，其搜寻到高声誉卖家的概率就将发生变化，因此买家的搜寻成本也应该随着搜寻次数的增加而变化。但由于卖家数量众多而且声誉类型也很多，要想将不同情况下买家的搜寻成本刻画出来实属不易，而且也不便于分析。因此在不影响对研究问题分析的前提下，本书对搜寻成本进行简化设置，一方面能够体现出网上交易市场搜寻成本的存在性，另一方面也能够分析搜寻成本对价格离散的影响作用，同时也方便分析与计算。

$$s.t.\ 0 \leqslant s^i < 1,\ \beta_j + \frac{\beta_j}{\sum_{j=1}^{T-1}\beta_j} s^i \leqslant 1,\ \beta_j - \frac{\beta_j}{\sum_{j=T}^{n}\beta_j} s^i \geqslant 0,\ i = 1, 2, \cdots, \omega \quad (3-2)$$

对于卖家来说,在买家付出搜寻活动后,其最优化问题为:

$$\begin{cases} \max_{p_j} \dfrac{\beta_j + \sum_{i=1}^{\omega}\lambda^i \dfrac{\beta_j}{\sum_{j=1}^{T-1}\beta_j} s^i}{\beta_j N}(p_j - p_C) \\ s.t.\ p_j - p_C \geqslant 0,\ j = 1, 2, \cdots, T-1 \\ \max_{p_j} \dfrac{\beta_j - \sum_{i=1}^{\omega}\lambda^i \dfrac{\beta_j}{\sum_{j=T}^{n}\beta_j} s^i}{\beta_j N}(p_j - p_C) \\ s.t.\ p_j - p_C \geqslant 0,\ j = T, T+1, \cdots, n \end{cases} \quad (3-3)$$

从式(3-2)和式(3-3)可以看出,其博弈时序为:卖家先登录商品的价格,然后买家根据卖家的定价来决定投入多少搜寻活动。根据博弈论的相关理论可知,首先分析买家付出多少搜寻活动,来最大化买家的效用,然后根据买家投入的最优搜寻活动量来最优化卖家对商品的定价。

由于网上交易属于双边市场,一边是卖家,另一边是买家,两者要想进行交易,不得不借助于网络交易平台。目前平台的搭建主要分为自建、合伙搭建与第三方搭建三类,但绝大多数属于第三方提供的平台。自建平台与合伙搭建平台对上网使用的卖家不收取任何费用,而第三方提供的平台往往对接入的用户收取一定的费用(就中国目前而言,大部分平台对买方用户的接入是免费的,而只对卖方收取一定的费用)。目前收取的费用主要由三部分构成:第一部分是平台对卖家的商品收取固定的陈列费,这里用 e 来表示(一般数值都比较小),令 $C = p_C + e$。第二部分为平台对卖家每次交易费用进行提成,不妨假设提成比例为 $\mu \in [0, 1)$。第三部分为平台对买家在平台上交易收取的接入费,由于平台无法区分哪类买家保留价格高,哪类买家保留价格低,因此平台对买家采取的是一视同仁的手法,对所有的买家每次交易均收取相同的固定接

入费 f。则买家的最优搜寻策略将会改变,即式(3-2)变为:

$$\max_{s^i}\left\{\begin{array}{l}\sum_{j=1}^{T-1}\left(\beta_j+\dfrac{\beta_j}{\sum_{j=1}^{T-1}\beta_j}s^i\right)[q_j(p^i-f-p_j)+(1-q_j)d]+\\ \sum_{j=T}^{n}\left(\beta_j-\dfrac{\beta_j}{\sum_{j=T}^{n}\beta_j}s^i\right)[q_j(p^i-f-p_j)+(1-q_j)d]-m(s^i)^2\end{array}\right\} \quad (3-4)$$

$$s.t.\ 0\leqslant s^i<1,\ \beta_j+\dfrac{\beta_j}{\sum_{j=1}^{T-1}\beta_j}s^i\leqslant 1,\ \beta_j-\dfrac{\beta_j}{\sum_{j=T}^{n}\beta_j}s^i\geqslant 0,$$

$$p^i-f-p_j>d,\ i=1,2,\cdots,\omega$$

从式(3-4)可以看出,平台对买家进行收费后,实际上降低了买家的保留价格,从以往的研究结论可知,买家保留价格的下降将会导致买家付出的搜寻活动减少,而买家搜寻活动的减少,使得网上交易市场中信息仍保持高度的不对称性。

由于网络平台对卖家收取了相应的费用,以及由于平台对买家收费导致买家搜寻活动的改变,因此卖家的最优化问题也相应地改变,即式(3-3)变为:

$$\begin{cases}\max_{p_j}\dfrac{\beta_j+\sum_{i=1}^{\omega}\lambda^i\dfrac{\beta_j}{\sum_{j=1}^{T-1}\beta_j}s^i}{\beta_j N}[(1-\mu)p_j-C]\\ s.t.\ (1-\mu)p_j-C\geqslant 0,\ j=1,2,\cdots,T-1\\ \max_{p_j}\dfrac{\beta_j-\sum_{i=1}^{\omega}\lambda^i\dfrac{\beta_j}{\sum_{j=T}^{n}\beta_j}s^i}{\beta_j N}[(1-\mu)p_j-C]\\ s.t.\ (1-\mu)p_j-C\geqslant 0,\ j=T,T+1,\cdots,n\end{cases} \quad (3-5)$$

从式(3-5)可知,网络平台对卖家进行收费后,将会导致卖家的运营成本增加,而以往的研究认为,卖家成本增加后,卖家会将部分或者全部增加的成本转嫁给买家,即卖家会采取提高商品定价的方式转嫁成本。

上面将买家的搜寻效率设定为相同,然而在现实的生活中,买家的搜寻效率是存在差异的,完全一样的买家很难找到,这是由于买家所受的教育状况、网龄、网上购物经验等差异导致的。比如,同样保留价格的买家中既有搜寻效率高的,也有搜寻效率低的,不同保留价格的买家中也可能存在相同的搜寻效率,因此,为了使研究的问题更贴近于现实状况,这里不妨用 $m^{ii'}$($0 \leqslant m^{ii'} \leqslant 1$)来表示第 i 类保留价格买家具有第 i'($i'=1, 2, \cdots, z$)类的搜寻效率,其所占相同保留价格买家的比例为 $\gamma^{ii'}$,且 $\sum_{i'=1}^{z} \gamma^{ii'} = 1$,$i = 1, 2, \cdots, \omega$。此时由于搜寻效率的改变,不同买家所进行的搜寻活动多少是存在差异的,这里不妨用 $s^{ii'}$ 来表示具有第 i'($i'=1, 2, \cdots, z$)类的搜寻效率的第 i 类保留价格买家所进行的搜寻活动。则买家的最优化问题又会改变,即式(3-4)变为:

$$\max_{s^{ii'}} \left\{ \begin{array}{l} \sum_{j=1}^{T-1} \left(\beta_j + \frac{\beta_j}{\sum_{j=1}^{T-1} \beta_j} s^{ii'} \right) [q_j(p^i - f - p_j) + (1 - q_j)d] + \\ \sum_{j=T}^{n} \left(\beta_j - \frac{\beta_j}{\sum_{j=T}^{n} \beta_j} s^{ii'} \right) [q_j(p^i - f - p_j) + (1 - q_j)d] - m^{ii'}(s^{ii'})^2 \end{array} \right\} \quad (3-6)$$

$$s.t. \quad 0 \leqslant s^{ii'} < 1, \; \beta_j + \frac{\beta_j}{\sum_{j=1}^{T-1} \beta_j} s^{ii'} \leqslant 1, \; \beta_j - \frac{\beta_j}{\sum_{j=T}^{n} \beta_j} s^{ii'} \geqslant 0,$$

$$p^i - f - p_j > d, \; i = 1, 2, \cdots, \omega$$

相应的卖家的最优化策略为:

$$\begin{cases} \max_{p_j} \dfrac{\beta_j + \sum_{i=1}^{\omega} \lambda^i \left(\sum_{i'=1}^{z} \gamma^{ii'} \dfrac{\beta_j}{\sum_{j=1}^{T-1} \beta_j} s^{ii'} \right)}{\beta_j N} [(1-\mu)p_j - C] \\ s.t. \quad (1-\mu)p_j - C \geqslant 0, \; j = 1, 2, \cdots, T-1 \\ \max_{p_j} \dfrac{\beta_j - \sum_{i=1}^{\omega} \lambda^i \left(\sum_{i'=1}^{z} \gamma^{ii'} \dfrac{\beta_j}{\sum_{j=T}^{n} \beta_j} s^{ii'} \right)}{\beta_j N} [(1-\mu)p_j - C] \end{cases} \quad (3-7)$$

$$s.t. \quad (1-\mu)p_j - C \geq 0, j = T, T+1, \cdots, n$$

当然，在网络市场的交易中，除了平台提供免费的浏览和搜寻工具外，声誉较高的卖家可以通过投入一定的广告宣传活动（如卖家在平台网站的显著位置做广告宣传，或进行贴图描述等）增加自己被买家选择的概率，而此时较低声誉卖家的交易概率将会下降。由于这些服务是由网络平台提供的，因此卖家进行广告宣传需要付出一定的成本。假设某一类较高声誉卖家通过广告活动被买家搜寻到他的概率提高 α_j 时，卖家需要支付的成本为 $k\alpha_j^2$，其中 $k>0$。从而买家的最优化行为为：

$$\max_{s^{ii'}} \left\{ \begin{array}{l} \sum_{j=1}^{T-1} \left(\beta_j + \alpha_j + \frac{\beta_j}{\sum_{j=1}^{T-1}\beta_j} s^{ii'} \right) [q_j(p^i - f - p_j) + (1-q_j)d] + \\ \sum_{j=T}^{n} \left(\beta_j - \frac{\beta_j}{\sum_{j=T}^{n}\beta_j}\alpha_j - \frac{\beta_j}{\sum_{j=T}^{n}\beta_j} s^{ii'} \right) [q_j(p^i - f - p_j) + (1-q_j)d] - m^{ii'}(s^{ii'})^2 \end{array} \right\} \quad (3-8)$$

$$s.t. \quad 0 \leq s^{ii'} \leq 1, \beta_j + \alpha_j + \frac{\beta_j}{\sum_{j=1}^{T-1}\beta_j} s^{ii'} \leq 1, \beta_j - \frac{\beta_j}{\sum_{j=T}^{n}\beta_j}\alpha_j - \frac{\beta_j}{\sum_{j=T}^{n}\beta_j} s^{ii'} \geq 0,$$

$$p^i - f - p_j > d, i = 1,2,\cdots,\omega$$

卖家的最优化策略为：

$$\begin{cases} \max_{p_j} \dfrac{\beta_j + \sum_{i=1}^{\omega}\lambda^i \left(\sum_{i'=1}^{z}\gamma^{ii'} \dfrac{\beta_j}{\sum_{j=1}^{T-1}\beta_j} s^{ii'} \right) + \alpha_j}{\beta_j N} [(1-\mu)p_j - C] - k\alpha_j^2 \\ s.t. \quad (1-\mu)p_j - C \geq 0, j = 1,2,\cdots,T-1 \\ \max_{p_j} \dfrac{\beta_j - \sum_{i=1}^{\omega}\lambda^i \left(\sum_{i'=1}^{z}\gamma^{ii'} \dfrac{\beta_j}{\sum_{j=T}^{n}\beta_j} s^{ii'} \right) - \dfrac{\beta_j}{\sum_{j=T}^{n}\beta_j}\alpha_j}{\beta_j N} [(1-\mu)p_j - C] \\ s.t. \quad (1-\mu)p_j - C \geq 0, j = T, T+1,\cdots,n \end{cases} \quad (3-9)$$

除此之外，网络交易市场具有双边市场特性，而交叉网络外部性是双边市场的主要特征，这使得平台一边的用户的增加会给另一边用户带来一定的正（或负）效用。以非营利银行卡组织"中国银联"为例，随着受理银联卡的商户的数量增加，持卡消费者持卡消费更加方便，消费者从持卡消费中获得的收益增加。又如在操作系统的双边市场上，PC终端用户规模的增加会增加应用软件开发商开发某个操作系统上的应用软件的动机，因为同样的软件的销售量可以增加，从而吸引更多的开发商开发更多的应用软件，此时软件开发商数量以及适用软件数量的增加也会使得PC价值上升，吸引更多用户使用。而在网络交易市场中，买家数量越多，潜在的市场购买力就越大，因而潜在的卖家成交交易也就越多，潜在的收益也就越大；同样的，如果较高声誉卖家的数量越多，买家可选择的优质交易对象就越多，因而买家选择比较合适的卖家交易的概率也就越大，买家获得潜在的消费剩余也就越大。但是，较低声誉卖家的数量越多会使得买家需要付出更多的搜寻成本以提高与较高声誉的卖家进行交易的概率，即使买家没有搜寻到合适声誉的卖家进行交易，此时买家与较低声誉卖家进行交易时，买家获得的效用是负效用。由于本书只考虑在某一时刻时网上市场中的交易行为，因此双边用户的数量假定并不发生变化。在这里，交叉网络外部性分为单向交叉网络外部性与双向交叉网络外部性；如果只有网络平台的一边用户数给平台的另一边用户带来效用的增加或减少，就是单向交叉网络外部性；如果网络平台的两边用户数对彼此都产生影响就是双向交叉网络外部性。

由于不同类型的卖家给买家带来的外部效用是不同的，高声誉卖家给买家带来的是正效用，低声誉卖家给买家带来的是负效用，令卖家给每个买家带来的外部效用为 $\sum_{j=1}^{n} l^{ij}\beta_j N$，其中，$l^{ij} > 0$，$i = 1, 2, \cdots, \omega$。因此，买家的最优化行为变为：

$$\max_{s^{ii'}}\begin{cases} \sum_{j=1}^{T-1}\left(\beta_j + \alpha_j + \frac{\beta_j}{\sum_{j=1}^{T-1}\beta_j}s^{ii'}\right)[q_j(p^i - f - p_j) + (1-q_j)d] + \\ \sum_{j=T}^{n}\left(\beta_j - \frac{\beta_j}{\sum_{j=T}^{n}\beta_j}\alpha_j - \frac{\beta_j}{\sum_{j=T}^{n}\beta_j}s^{ii'}\right)[q_j(p^i - f - p_j) + (1-q_j)d] + \\ \sum_{j=1}^{T-1}l^{ij}\beta_j N - \sum_{j=T}^{n}l^{ij}\beta_j N - m^{ii'}(s^{ii'})^2 \end{cases} \quad (3-10)$$

$s.t. \quad 0 \leq s^{ii'} \leq 1, \beta_j + \alpha_j + \frac{\beta_j}{\sum_{j=1}^{T-1}\beta_j}s^{ii'} \leq 1, \beta_j - \frac{\beta_j}{\sum_{j=T}^{n}\beta_j}\alpha_j - \frac{\beta_j}{\sum_{j=T}^{n}\beta_j}s^{ii'} \geq 0,$

$p^i - f - p_j > d, i = 1,2,\cdots,\omega$

然而,买家的数量也会给卖家带来一定的效用,而不同类型的买家给卖家带来的外部效用是不同的,但是对卖家而言,所有的买家给其带来的效用都是正效用,因此所有买家给每个卖家带来的正的外部效用为 $\sum_{i=1}^{w}l_{ji}\lambda_i W$,其中,$l_{ji}>0, j=1, 2, \cdots, n$。从而卖家的最优化策略为:

$$\begin{cases} \max_{p_j} \frac{\beta_j + \sum_{i=1}^{\omega}\lambda^i\left(\sum_{i'=1}^{z}\gamma^{ii'}\frac{\beta_j}{\sum_{j=1}^{T-1}\beta_j}s^{ii'}\right) + \alpha_j}{\beta_j N}\left[(1-\mu)p_j - C + \sum_{i=1}^{w}l_{ji}\lambda_i W\right] - k\alpha_j^2 \\ s.t. \quad (1-\mu)p_j - C \geq 0, j=1,2,\cdots,T-1 \\ \max_{p_j} \frac{\beta_j - \sum_{i=1}^{\omega}\lambda^i\left(\sum_{i'=1}^{z}\gamma^{ii'}\frac{\beta_j}{\sum_{j=T}^{n}\beta_j}s^{ii'}\right) - \frac{\beta_j}{\sum_{j=T}^{n}\beta_j}\alpha_j}{\beta_j N}\left[(1-\mu)p_j - C + \sum_{i=1}^{w}l_{ji}\lambda_i W\right] \\ s.t. \quad (1-\mu)p_j - C \geq 0, j=T,T+1,\cdots,n \end{cases} \quad (3-11)$$

以上就是本章根据网上交易市场所具有的特征建立的有关买家搜寻行为、卖家定价策略的基本搜寻模型,该模型的建立具有一定的理论依据与现实依据。

第三节 价格离散程度的度量

所谓价格离散是指同一类商品的价格分布相对于某一中心的偏离程度。价格离散程度可以描述出一组价格数据的波动范围和偏离平均数的差异程度,那么如何去度量价格离散程度呢?目前国内外对价格离散程度的度量并没有统一的方法,在不同的文献中学者所使用的方式还是存在一定差异的。能够反映一组价格数据离散程度的统计量有极差、方差、标准差。标准差在概率统计中最常使用,它可作为统计分布程度上的测量变量,能反映组内个体间的离散程度。因此,为了更加行之有效地对价格离散程度加以度量,本书将采用卖家定价标准差的方式来度量。令 p_{ave} 表示卖家定价的均值,σ 表示价格的标准差,则:

$$p_{ave} = \frac{\sum_{j=1}^{n} p_j \beta_j N}{N} = \sum_{j=1}^{n} p_j \beta_j \qquad (3-12)$$

从而,

$$\sigma = \sqrt{\frac{\sum_{j=1}^{n} \beta_j N (p_j - p_{ave})^2}{N-1}} \qquad (3-13)$$

鉴于价格离散程度与两个价格(或多个价格)的价差所具有的含义是不同的,而在本书后续章节中为了方便分析,均以两类卖家(高声誉与低声誉)的定价进行探讨,即在后续同质商品定价中只有两个价格。那么在这种特殊情况下,用两个价格的价差是否能反映出价格离散程度呢?答案是肯定的。

命题 3.1 若网上交易市场中卖家类型只有两类,且两类卖家的用户规模不变,则网上交易市场中的价格离散程度加剧的充分必要条件是两类卖家定价差距增大。

证明：由于 $n=2$，则 $\beta_2 = 1 - \beta_1$，而 β_1、N 保持不变，

令 $p_1'' > p_2''$，$p_1' > p_2'$

由式（3-13）可知：

$$\sigma' = \sqrt{\frac{\beta_1 N\ (p_1' - p_1'\beta_1 - p_2'\beta_2)^2 + \beta_2 N\ (p_2' - p_1'\beta_1 - p_2'\beta_2)^2}{N-1}}$$

$$\sigma'' = \sqrt{\frac{\beta_1 N\ (p_1'' - p_1''\beta_1 - p_2''\beta_2)^2 + \beta_2 N\ (p_2'' - p_1''\beta_1 - p_2''\beta_2)^2}{N-1}}$$

从而要求 $\sigma'' - \sigma' > 0$，即要求 $(\sigma'')^2 - (\sigma')^2 > 0$

由于

$$(\sigma'')^2 - (\sigma')^2 = \frac{\beta_1 N[(p_1'' - p_{ave}'')^2 - (p_1' - p_{ave}')^2] + \beta_2 N[(p_2'' - p_{ave}'')^2 - (p_2' - p_{ave}')^2]}{N-1}$$

$$= \frac{\beta_1 N[(p_1'' - p_{ave}'')^2 - (p_1' - p_{ave}')^2] + \beta_2 N[(p_2'' - p_{ave}'')^2 - (p_2' - p_{ave}')^2]}{N-1}$$

$$= \frac{\beta_1 N \begin{bmatrix}(1-\beta_1)^2(p_1'')^2 - 2(1-\beta_1)\beta_2 p_1'' p_2'' + \beta_2^2(p_2'')^2 \\ -(1-\beta_1)^2(p_1')^2 + 2(1-\beta_1)\beta_2 p_1' p_2' - \beta_2^2(p_2')^2\end{bmatrix}}{N-1} +$$

$$\frac{\beta_2 N \begin{bmatrix}(1-\beta_2)^2(p_2'')^2 - 2(1-\beta_2)\beta_1 p_1'' p_2'' + \beta_1^2(p_1'')^2 \\ -(1-\beta_2)^2(p_2')^2 + 2(1-\beta_2)\beta_1 p_1' p_2' - \beta_1^2(p_1')^2\end{bmatrix}}{N-1}$$

$$= \frac{\beta_1(1-\beta_1)^2 N[(p_1'')^2 - 2p_1'' p_2'' + (p_2'')^2 - (p_1')^2 + 2p_1' p_2' - (p_2')^2]}{N-1} +$$

$$\frac{\beta_1^2(1-\beta_1) N[(p_2'')^2 - 2p_1'' p_2'' + (p_1'')^2 - (p_2')^2 + 2p_1' p_2' - (p_1')^2]}{N-1}$$

$$= \frac{\beta_1(1-\beta_1)^2 N\begin{bmatrix}(p_1'' - p_2'')^2 \\ -(p_1' - p_2')^2\end{bmatrix} + \beta_1^2(1-\beta_1) N\begin{bmatrix}(p_1'' - p_2'')^2 \\ -(p_1' - p_2')^2\end{bmatrix}}{N-1}$$

从而 $(\sigma'')^2 - (\sigma')^2 > 0$ 的充分必要条件是 $(p_1'' - p_2'')^2 > (p_1' - p_2')^2$。

即 $\sigma''-\sigma'>0$ 的充分必要条件是 $p_1''-p_2''>p_1'-p_2'>0$。

证毕。

由于第四章至第八章的模型分析中，均假定卖家的类型只有两种，且只考虑一次交易性行为，而在分析价格离散程度变化时，每类卖家的规模保持不变，故应用命题3.1的结论可知，当两类卖家定价之间的差距变大时，网上交易市场中价格离散程度加剧，即两者在此时是等价的，以后的分析中将不再赘述。

第四节 小结

本章从网上交易市场所具有的特征入手，逐步展开、逐层递进，依次对影响网上交易市场中的卖家定价策略、买家搜寻行为以及价格离散程度等问题进行了分析研究。

第一，对卖家的声誉进行了排序，并以位于中位数的卖家为分界点，将卖家分为声誉较高与声誉较低的两类卖家群体，为后续模型的建立扫清了障碍。

第二，通过对产异化保留价格且搜寻效率相同买家的最优化搜寻问题，以及卖家最优化定价策略问题进行了建模分析，并得到本书最基本、最简单的初级模型，这一初级模型的简化分析将在第四章具体阐述。

第三，在初级模型的基础上，考虑了网络交易市场的双边市场特征，从平台收费角度分析价格离散问题，并建立了基于平台收费的买家搜寻与卖家定价模型，而该问题将放在第五章进行具体分析。

第四，尽管前面假定买家具有差异，但主要认为买家的保留价格具有差异，而对于买家在搜寻效率方面的问题并没有考虑，为了解决这一缺憾，这里在模型设置方面进行了改进，将卖家保留价格与买家搜寻效率这两方面的差异同时融合在模型的设置中，使得模型对买家特征进行了更完备的刻画，具体分析见本书第六章。

第五，在现实中，卖家往往通过一定的广告宣传活动来促销产品，但在本书中，假定买家搜寻的对象是较高声誉的卖家，所以在此种假定条件下，使得低声誉卖家进行广告推广活动就被排除在考虑的范围内，因此这里只考虑较高声誉卖家进行广告宣传活动对价格离散影响的模型的建立。为了便于分析和理解，将在本书的第八章进行一定的阐述。

第六，将双边市场中的热点问题——交叉网络外部性引入到模型的设置当中，使得该模型的设置趋于完备，得到了本书对价格离散问题分析的最终模型。对于这一问题的分析放在本书的第七章。同时，本章建立了价格离散程度的度量方法，并发现当卖家类型只有两类且每类卖家规模保持不变时，两类卖家定价之间差距的增加导致网上交易市场中价格离散程度加剧。

第四章 搜寻成本、声誉与网上交易市场价格离散

本章探讨了当网上交易市场中卖家声誉以及买家保留价格存在差异时,搜寻成本对均衡价格水平和离散程度的影响,进而研究了声誉与搜寻成本之间的相互作用。

第一节 引言

随着网络平台的产生,一种新的商品交易市场也随之出现,网上交易市场比传统市场效率更高、速度更快。但是,从如此众多的网店和商品中选择自己满意的商品与合理的价格,对消费者而言不是一件容易的事情,值得庆幸的是消费者可以借助网站提供的搜寻工具或搜寻引擎。所谓搜索引擎(Search Engine)是指根据一定的策略、运用特定的计算机程序从互联网上收集信息,在对信息进行组织和处理后,为用户提供检索服务,将用户检索相关的信息展示给用户的系统。搜索引擎包括全文索引、目录索引、元搜索引擎、垂直搜索引

擎、集合式搜索引擎、门户搜索引擎与免费链接列表等①。但在专业的网上购物平台中，往往会提供站内商品的专门搜寻服务。比如，淘宝搜索，属于阿里巴巴旗下的搜索引擎，主要针对旗下的淘宝网进行站内搜索，为买家提供购物搜索结果。在淘宝主页搜索栏中并没有提供特殊的搜寻设定，只需买家输入关键词即可反馈出搜寻结果。说到搜寻关键词，我们不得不提关键词指数，关键词指数是指一个词语在搜索引擎中的热度，热度越高即在当天或一段时间内以该词搜寻商品或店铺的次数越多，那么其他买家在进行搜寻的过程中，只需在搜索引擎中键入词的部分就可以显示出多条与此相关的搜索词组或词句。在进入感兴趣的商品搜寻界面后，淘宝的搜寻又提供了更加有针对性的筛选服务，包括综合排序、人气排序、销量排序、信用排序、价格排序及价格区间、发货地等选项，使得消费者可以方便地获得更多的产品信息，更容易进行价格比较，从而使得网上交易市场信息搜寻成本比传统市场信息搜寻成本大大降低，根据搜寻理论，这必然导致有更多的消费者进行搜寻行为，进而加剧网上交易市场上的价格竞争强度，提高竞争效率。

尽管网上交易市场使得消费者搜寻活动更加方便快捷，但对消费者而言，网上交易的信息是不对称的，消费者若想从众多的卖家以及数量庞大的商品中获取信息也需要耗费一定的成本，因此，网上交易市场中存在的搜寻成本是不容忽视的。

从以往的研究理论得知，搜寻成本的存在导致市场具有单一价格已不再可能，同时也对市场效率产生了很大的影响。这些早期的研究文献中，与本章研究相关的结论有：

（1）搜寻成本的存在导致均衡价格高于边际成本。

（2）搜寻成本降低使得均衡价格收敛于边际成本。

（3）MacMinn（1980）研究认为，由于信息不对称，进行搜寻行为需要一

---

① 百度百科. 搜索引擎［EB/OL］. 百度百科网站，https：//baike. baidu. com/item/搜索引擎/104812? fr－aladdin，2018.

定的成本，从而导致价格离散现象的出现；当搜寻成本下降时，价格离散程度也随之趋缓。

大多的经典搜寻理论（Search Theory）文献认为商品是同质的，并且具有单一的边际成本，然而这些文献都是在不考虑厂商声誉的前提下，分析搜寻成本对市场竞争和价格行为的影响。网上 B2C 交易市场不像传统市场，买卖双方之间可以面对面地交流，可以进行讨价还价，网上 B2C 交易市场是高度非人格化的，并且具有一定的交易风险（如发货的准时性、售后服务等），此时卖方声誉的高低对消费者的重要性就凸显出来。Brynjolfsson 和 Smith（2000）、Du（2004）认为零售商品牌/声誉是网上市场均衡价格离散的一个原因，但并没有对此做出理论分析。

搜寻成本不仅会对不同声誉水平卖家的定价策略产生影响，还有可能削弱网上市场中声誉机制的作用。这样，即使在一个完全同质的产品市场上，不同声誉水平的卖家也有可能同时存在。

不同于以上的研究文献，本章的研究考察了不同消费者类型在一次性网上交易时，搜寻成本对卖家定价策略和市场竞争的影响，同时也考察了对网上交易市场价格均衡的影响。在本章的模型中，消费者分为两种类型，即高保留价格买家和低保留价格买家。买家对产品的估值不同将影响到买家进行搜寻活动的投入，进而影响到网上交易市场的市场结构。在不同的市场结构下卖家的定价策略是不同的，而在本模型中并未考虑在单一市场结构，即网络交易市场中只有单一类型卖家存在时卖家的销售行为，本章考虑了两类卖家（高声誉卖家与低声誉卖家）共存时，两类卖家的定价策略及网上交易市场中价格离散程度的大小。

第二节 基本模型

在一个竞争性的市场中,一个卖家要与一个或者多个卖家进行竞争,而这些卖家之间的竞争性行为在现实中更多地表现为两两之间的竞争,因此,假设这些卖家只有两种类型,高声誉卖家(好评率为 q_H)和低声誉卖家(好评率为 q_L),并且 $q_H > q_L$,两类卖家所占的比例分别为 β 和 $(1-\beta)$。高声誉卖家登录的产品价格为 p_H,低声誉卖家登录的产品价格为 p_L。并且,假设买家也有两种类型,高保留价格的买家和低保留价格的买家,两类买家所占的比例分别为 λ 和 $1-\lambda$,商品的保留价格分别为 $\bar{p}$ 和 $\underline{p}$,$(\bar{p} > \underline{p})$。卖家商品的成本也相同,为 p_C,$\bar{p} > p_C$,$\underline{p} > p_C$。卖家的分布和卖家商品成本相同对买家来说是公共信息①。

q_j 衡量了卖家在历史交易中选择合作行为(如不欺骗买家,及时发送货物等)的概率,因此买家预期卖家在未来交易中将会以 q_j 的概率选择合作行为,以 $(1-q_j)$ 的概率选择欺骗行为,$j=H,L$。如果买家选择了 q_j 类型的卖家,该卖家将以 q_j 的概率选择合作行为,以 $(1-q_j)$ 的概率选择欺骗行为。如果卖家选择了合作,买家可以得到 $(\bar{p}-p_j)$ 或者 $(\underline{p}-p_j)$ 的效用要大于卖家选择欺骗时买家得到的效用,$\bar{p}-p_j > d$,$\underline{p}-p_j > d$。这里不考虑卖家在每一次交易中究竟是选择合作还是欺骗,假定所有的买家和卖家都是风险中性的。

如果买家在卖家中随机选择交易对象,那么高保留价格与低保留价格的买家的效用分别为:

$$\bar{U} = \beta[q_H(\bar{p}-p_H)+(1-q_H)d]+(1-\beta)[q_L(\bar{p}-p_L)+(1-q_L)d]$$

---

① 尽管网上交易市场的信息不对称,但是我们假定了网上交易市场的商品是同质的,因此假定不同卖家产品的成本是相同的具有一定的合理性,对买家来说这些信息是公共的。

以及 $U = \beta[q_H(\underline{p} - p_H) + (1 - q_H)d] + (1 - \beta)[q_L(\underline{p} - p_L) + (1 - q_L)d]$

实际上不同的买家在搜寻的过程中其策略、行为，以及其对时间成本的估计等是不一样的，因此，即使是在相同的搜寻效率的情况下，达到相同水平的搜寻效果所付出的搜寻成本也应存在差异，但为了便于分析，本书中对此进行了简单化设定。当买家的交易对象为 q_L 类型的卖家时，他可以付出 s 的搜寻活动，将其发现 q_H 类型的卖家的概率从 β 提高到 $\beta + s$，发现 q_L 类型卖家的概率从 $1 - \beta$ 降到 $1 - \beta - s$。投入 s 的搜寻活动会给买家带来 ms^2 的搜寻成本①，m 表示搜寻活动的效率，m 越大，搜寻活动的效率就越低。

第三节 市场均衡分析

这里假设买家只进行一次购买行为，即买家需要购买的商品是耐用品，这样长期动态的决策问题就变成了单期的最优化问题。

对于 q_H 类型的某一卖家来说，在其他卖家价格既定的情况下降低价格会增加买家的搜寻活动，增加了买家选择高声誉卖家的概率。但是卖家降价的同时也将损失部分利润。这样，q_H 类型单个卖家的最优化问题为：

$$\max_{p_H} \frac{\beta + \lambda \bar{s} + (1 - \lambda) \underline{s}}{\beta N}(p_H - p_C) \qquad (4-1)$$

$$s.t. \quad p_H - p_C \geq 0$$

当买家进行搜寻之后，买家与高声誉卖家交易的概率提高了，而买家与低声誉卖家交易的概率也相应地下降了，低声誉卖家将损失部分市场份额，因此低声誉卖家为了与高声誉卖家竞争，不得不采取一定措施最大化其利润，故 q_L

---

① 尽管这里卖家类型只有两种，在对于买家搜寻成本随着搜寻次数的增加而变化进行分析时相对来说比较简单，但是为了与第三章基本模型中关于买家搜寻成本设置保持一致性，这里沿用第三章中关于搜寻成本的设置，并且后面章节仍如此设置。

类型单个卖家的最优化问题为：

$$\max_{p_L} \frac{1-\beta-[\lambda \bar{s}+(1-\lambda)\underline{s}]}{(1-\beta)N}(p_L-p_C) \quad (4-2)$$

$$s.t. \quad p_L - p_C \geq 0$$

高保留效用买家在高声誉卖家和低声誉卖家定价策略下选择搜寻活动 $\bar{s}$ 来最大化其单期的效用，即：

$$\max_{\bar{s}} (\beta+\bar{s})[q_H(\bar{p}-p_H)+(1-q_H)d]+(1-\beta-\bar{s}) \times$$
$$[q_L(\bar{p}-p_L)+(1-q_L)d]-m\bar{s}^2 \quad (4-3)$$

$$s.t. \quad \bar{s} \geq 0, \beta+\bar{s} \leq 1$$

低保留效用买家在高声誉卖家和低声誉卖家定价策略下选择搜寻活动 $\underline{s}$ 来最大化其单期的效用，即：

$$\max_{\underline{s}} (\beta+\underline{s})[q_H(\underline{p}-p_H)+(1-q_H)d]+(1-\beta-\underline{s}) \times$$
$$[q_L(\underline{p}-p_L)+(1-q_L)d]-m\underline{s}^2 \quad (4-4)$$

$$s.t. \quad \underline{s} \geq 0, \beta+\underline{s} \leq 1$$

这样，不同声誉水平的卖家在不同保留效用买家付出搜寻活动的限制下决定其产品价格，买家付出的搜寻活动的多少又取决于卖家商品的价格差异。由于对称性，在均衡时同一类型的所有卖家会制定相同的价格。

高保留效用买家和低保留效用买家的最优搜寻活动分别为：

$$\bar{s} = \frac{q_H(\bar{p}-p_H)-(q_H-q_L)d-q_L(\bar{p}-p_L)}{2m} \quad (4-5)$$

$$\underline{s} = \frac{q_H(\underline{p}-p_H)-(q_H-q_L)d-q_L(\underline{p}-p_L)}{2m} \quad (4-6)$$

将式（4-5）、式（4-6）代入式（4-1）和式（4-2），分别可得 q_H 类型单个卖家和 q_L 类型单个卖家的价格水平：

$$p_H^{1*} = \frac{2m(1+\beta)+\lambda(q_H-q_L)(\bar{p}-\underline{p})+(q_H-q_L)(\underline{p}-d)+p_C(2q_H+q_L)}{3q_H}$$

$$(4-7)$$

$$p_L^{1*} = \frac{2m(2-\beta) - \lambda(q_H - q_L)(\bar{p} - \underline{p}) - (q_H - q_L)(\underline{p} - d) + p_C(q_H + 2q_L)}{3q_L}$$

(4-8)

再将式（4-7）、式（4-8）代入式（4-5）和式（4-6）中得：

$$\bar{s}^{1*} = \frac{2m(1-2\beta) - 2\lambda(q_H - q_L)(\bar{p} - \underline{p}) + (q_H - q_L)(3\bar{p} - 2\underline{p} - p_C - d)}{6m}$$

(4-9)

$$\underline{s}^{1*} = \frac{2m(1-2\beta) - 2\lambda(q_H - q_L)(\bar{p} - \underline{p}) + (q_H - q_L)(\underline{p} - p_C - d)}{6m}$$ (4-10)

由式（4-9）和式（4-10）两式显然可得：$\bar{s}^{1*} - \underline{s}^{1*} = \frac{(q_H - q_L)(\bar{p} - \underline{p})}{2m} > 0$，

故得到命题：

命题4.1 高保留价格的买家比低保留价格的买家进行更多的搜寻活动，并且随着保留价格差距的缩小而使搜寻活动之间的差距缩小。

此命题说明：当买家的保留价格较高时，就会付出比低保留价格买家更多的搜寻活动，以期望搜寻到高声誉卖家，从而进行交易。这与以往研究文献的结论一致，有文献研究认为买家保留价格越高（或保留效用），买家进行搜寻的次数也越多，直至搜寻的边际效用小于等于搜寻的边际成本。也就是说买家只有在值得搜寻的时候才会付出搜寻成本进行搜寻活动，而当搜寻无利可图时，买家宁愿与低声誉卖家进行交易，买家在进行交易前对自己所进行的搜寻活动的多少已经有了心理预期，当买家付出一定搜寻活动（达到最优值时）仍未搜寻到高声誉卖家时，买家也将停止与当前的卖家进行交易的搜寻活动。

在搜寻结果得到反馈后，买家的消费行为往往也存在一定的差异：第一种情况是买家没有搜寻到理想的交易对象（即合适的卖家），即使是在已经付出搜寻成本的情况下，仍然会选择放弃交易；第二种情况是买家在搜寻一定次数后，付出的搜寻成本与心理预期的最多可付出的搜寻成本基本相当时，买家会从已搜寻过的卖家中选择最合适的卖家进行交易，而对于剩余潜在的交易对象不进行搜寻，并且买家在回头选择最合适交易卖家的过程中实际上也要付出一定的搜寻成本；第三种情况是有学者认为在无法进行回溯选择的情况下，即买家已经搜寻过的卖家不能回头与之交易，当买家消耗殆尽所预期的搜寻成本时，无论卖家情况如何，只要买家必须要完成一次交易，那么该买家只能与当前搜寻到的卖家进行交易。

命题 4.2 随着高保留价格买家比例以及高声誉卖家比例的升高，两类买家所进行的搜寻活动都不断降低。

由于过去的研究文献并未考虑这一问题，因此也未得出类似结论，对这两个结论可以通过以下两个角度进行解释。第一种可能的解释是高保留价格买家比例的升高以及高声誉卖家比例的升高将会使得卖家的声誉价值提升，从而导致高声誉卖家提高产品的定价，而低声誉卖家降低产品的定价。由于买家的保留价格不变，当高声誉卖家提高产品定价后，买家的保留价格与高声誉卖家产品定价之间的差距减小，这导致留给买家可进行搜寻的余地减少，因此不论是高保留价格的买家还是低保留价格的买家，两者付出的搜寻活动都将减少。第二种可能的解释是低保留价格采取了不断降低价格这一竞争策略，利用低价格来弥补自己的声誉劣势，很多买家在面对低价格的引诱时最终妥协，从而减少搜寻活动。

买家搜寻活动效率的高低将直接影响高声誉卖家与低声誉卖家在网上交易市场中的市场地位，从而影响市场结构。

命题 4.3 （1）当搜寻活动的效率较低，即：

$$m \geqslant \frac{\lambda(q_H - q_L)(\bar{p} - \underline{p}) + (q_H - q_L)(\underline{p} - p_C - d)}{2(2 - \beta)} \quad (4-11)$$

此时，高声誉卖家和低声誉卖家同时存在于网上交易市场。

（2）当搜寻活动的效率较高，即：

$$m < \frac{\lambda(q_H - q_L)(\bar{p} - \underline{p}) + (q_H - q_L)(\underline{p} - p_C - d)}{2(2 - \beta)} \quad (4-12)$$

此时，低声誉卖家被驱逐出网上交易市场。

证明：（1）当 $m \geqslant \dfrac{\lambda(q_H - q_L)(\overline{p} - \underline{p}) + (q_H - q_L)(\underline{p} - p_C - d)}{2(2 - \beta)}$ 时，若 $\beta + \overline{s} \leqslant 1$，$\beta + \underline{s} \leqslant 1$ 并且 $\beta + \lambda \overline{s} + (1 - \lambda)\underline{s} \leqslant 1$，此时，由式（4-8）可以看出，约束条件 $p_L - p_C = \dfrac{2m(2 - \beta) - \lambda(q_H - q_L)(\overline{p} - \underline{p}) - (q_H - q_L)(\underline{p} - p_C - d)}{3q_L} \geqslant 0$ 为松弛约束，从而 $p_H - p_C \geqslant 0$ 也为松弛约束，所以上述解均为最优解。低声誉卖家制定的价格高于成本，因此，较低的搜寻效率使得高声誉卖家和低声誉卖家同时存在于网上交易市场。

（2）当 $m < \dfrac{\lambda(q_H - q_L)(\overline{p} - \underline{p}) + (q_H - q_L)(\underline{p} - p_C - d)}{2(2 - \beta)}$ 时，$\beta + \overline{s} \leqslant 1$、$\beta + \underline{s} \leqslant 1$、$\beta + \lambda \overline{s} + (1 - \lambda)\underline{s} \leqslant 1$ 和 $p_L - p_C \geqslant 0$ 都为紧约束，故 $\lambda \overline{s}^{1*} + (1 - \lambda)\underline{s}^{1*} = 1 - \beta$，$p_L^{1*} = p_C$，求得 $p_H^{1*} = \dfrac{2m(3 - 2\beta)}{3q_H} + p_C$。此时只要高声誉卖家将价格定在略低于 p_H^{1*} 的水平上，买家的搜寻活动就会使得低声誉卖家无利可图，从而退出网上交易市场。

证毕。

此命题说明：当搜寻活动的效率较高时，买家就会付出较多的搜寻活动，发现高声誉卖家的概率也增大，q_L 类型的卖家不得不将其价格降低至较低的水平，最终导致其产品价格低于成本，低声誉卖家被驱逐出网上交易市场。由命题4.3可知：

命题4.4 当不同声誉水平的卖家同时存在于网上交易市场，即：

$$m \geqslant \dfrac{\lambda(q_H - q_L)(\overline{p} - \underline{p}) + (q_H - q_L)(\underline{p} - p_C - d)}{2(2 - \beta)}$$

此时，高声誉卖家提供的产品价格较高，低声誉卖家提供的产品价格较低，网上市场中存在价格离散现象。

证明：由于：

$$p_H^{1*} - p_L^{1*} = \frac{2m(q_L + q_L\beta + q_H\beta - 2q_H) + \lambda(q_H^2 - q_L^2)(\overline{p} - \underline{p}) + (q_H^2 - q_L^2)(\underline{p} - p_C - d)}{3q_H q_L}$$

可以验证在此时 $p_H^{1*} - p_L^{1*} > 0$。因此，当 $m \geq \dfrac{\lambda(q_H - q_L)(\overline{p} - \underline{p}) + (q_H - q_L)(\underline{p} - p_C - d)}{2(2 - \beta)}$ 时，q_H 和 q_L 两种类型的卖家同时存在于网上交易市场，高声誉卖家制定较高的价格，获得较高的利润，低声誉卖家制定较低的价格，获得较低的利润。

证毕。

这一结论与李维安等（2007）的实证研究结论是一致的，即声誉越高的卖家，其产品价格越高，也就是说买家愿意为高声誉卖家的产品支付较高的溢价。

由命题4.4的证明可得到：

推论4.1 高保留价格买家所占比例的升高，会增加价格离散程度。

随着高保留效用买家比例的升高，买家的搜寻活动也越来越频繁，搜寻到高声誉卖家的概率也明显提高，而低声誉买家为了在网上交易市场中生存，不得不采取降价策略，从而导致网上交易市场中价格离散程度的加剧。

然而，如若低声誉卖家被逐出市场，高声誉卖家就不可以利用声誉优势制定高价，高声誉卖家之间的竞争就会加剧，从而导致网上交易市场同质商品价格的降低，卖家利润减少。高声誉卖家为了维持高价，不会将低声誉卖家逐出市场，而是利用低声誉卖家来维持自身的高利润，并且控制较高的市场份额。

推论4.2 随着高声誉卖家比例的升高，网上交易市场中价格离散程度不断加剧。

推论4.3 当不同声誉水平的卖家同时存在于网上交易市场，即：

$$\frac{\lambda(q_H - q_L)(\overline{p} - \underline{p}) + (q_H - q_L)(\underline{p} - p_C - d)}{2(2 - \beta)} \leq m < \frac{\lambda(q_H - q_L)(\overline{p} - \underline{p}) + (q_H - q_L)(\underline{p} - p_C - d)}{2(2\beta - 1)}$$

时，相比低声誉卖家，每个高声誉卖家拥有较高的市场份额。

证明：网上交易市场均衡的时候，有 $\beta + \lambda \overline{s} + (1 - \lambda)\underline{s}$ 比例的买家会选

择高声誉卖家,有 $1-\beta-[\lambda\bar{s}+(1-\lambda)\underline{s}]$ 比例的买家会选择低声誉卖家。每一个高声誉卖家占有 $\dfrac{\beta+[\lambda\bar{s}+(1-\lambda)\underline{s}]}{\beta N}$ 的市场份额,每一个低声誉卖家则占有 $\dfrac{1-\beta-[\lambda\bar{s}+(1-\lambda)\underline{s}]}{(1-\beta)N}$ 的市场份额,每一个高声誉卖家占有的市场份额比低声誉卖家高 $\dfrac{2m(1-2\beta)+\lambda(q_H-q_L)(\bar{p}-\underline{p})+(q_H-q_L)(\underline{p}-p_C-d)}{6Nm\beta(1-\beta)}$。

证毕。

在网上交易市场中,即使销售同质产品,但是由于存在较高的搜寻成本使得高声誉卖家不能轻易地将低声誉卖家逐出市场,无论高声誉卖家如何定价,低声誉卖家都可以通过降低产品价格来弥补低声誉劣势。同样,由于较高的搜寻成本,无论哪种类型的买家想要发现高声誉卖家都比较困难。这样,对高声誉卖家来说,维持一个相对较高的价格就是一个更好的选择。因此,高声誉卖家不可能通过降价将低声誉卖家驱逐出网上交易市场。于是,就出现一个均衡:高声誉卖家出售的产品价格较高,获得较高的利润;低声誉卖家出售的产品价格较低,获得较低的利润。当两种声誉类型的卖家同时存在于网上交易市场时,不同的搜寻效率使得两种类型卖家的市场份额也有所不同。

高声誉卖家提供的产品价格较高,低声誉卖家提供的产品价格较低。本书在此解释了李维安等(2006)文中的经验事实。经典的搜寻理论一般从消费者搜寻成本上的差异来解释价格离散现象的持续存在,与此不同的是,本书中价格离散出现的原因是卖家之间声誉上的差异,而不是卖家的地理位置或产品差异等其他原因。Brynjolfsson 和 Smith(2000)对 1998~1999 年网上市场的图书和 CD 价格行为进行了研究,该文认为,除了搜寻成本以外,影响价格离散程度的一个重要因素是零售商的品牌。Du(2004)也认为零售商声誉是导致网上市场价格离散的一个因素。经典的搜寻理论文献往往假设厂商是同质的,忽略了厂商品牌/声誉对价格离散程度的影响。不像网下交易买卖双方之间有面对面的交流,网上交易是高度非人格化的,卖方声誉的重要性就凸显出来。

Brynjolfsson 和 Smith（2000）还发现，在网上 B2C 图书市场上，books.com 相比 Amazon.com（亚马逊）其品牌要差一些，其定价平均来说要比亚马逊低 1.6 美元，尽管两者的成本相差无几。而且，即使 books.com 上商品的价格较低，其市场份额也小于亚马逊。本章这里的推论与该文的观察非常吻合。

命题 4.5 当不同声誉水平的卖家同时存在于网上交易市场，即：

$$m \geq \frac{\lambda(q_H - q_L)(\bar{p} - \underline{p}) + (q_H - q_L)(\underline{p} - p_C - d)}{2(2-\beta)}$$

此时，搜寻效率的提高将使买家增加搜寻活动的投入，这将降低均衡时的产品价格，提高网上交易市场的效率。

证明：由式（4-9）和式（4-10）可以看出，搜寻活动效率的提高（m 变小）会增加买家投入的搜寻活动。由式（4-7）和式（4-8）可以看出，搜寻活动效率的提高会降低卖家产品价格 p_H^{1*} 和 p_L^{1*}，继而增加了买家可以得到的消费者剩余，因此搜寻活动效率的提高改善了网上交易市场的效率。证毕。

此命题的结论与经典搜寻理论的结论相类似：厂商之间的竞争程度依赖于消费者的搜寻活动。如果消费者增加搜寻活动，厂商之间将增加价格竞争，从而使价格更接近成本；如果消费者减少搜寻，厂商减少竞争，价格水平上升。消费者的搜寻活动及搜寻成本就决定了市场均衡和市场效率。

搜寻理论关注的另一个话题是价格离散现象，命题 4.6 将分析高声誉卖家所占比例对价格离散程度的影响。

命题 4.6 搜寻活动的效率对价格离散程度的影响取决于不同声誉水平卖家所占的比例：当高声誉卖家所占的比例较大 $\left(\beta > \frac{2q_H - q_L}{q_H + q_L}\right)$ 时，买家搜寻活动效率的提高会降低价格离散程度；当高声誉卖家所占的比例 $\left(\beta = \frac{2q_H - q_L}{q_H + q_L}\right)$ 时，搜寻活动效率的提高对价格离散程度没有影响；当高声誉卖家所占的比例相对较小 $\left(\beta < \frac{2q_H - q_L}{q_H + q_L}\right)$ 时，搜寻活动效率的提高会增加价格离散程度。

证明：命题 4.5 已经证明，搜寻活动效率的提高会促使买家付出更多的搜寻活动，进而降低了卖家产品价格 p_H^{1*} 和 p_L^{1*}。由 $p_H^{1*} - p_L^{1*}$ 表达式可以看出，当搜寻效率变化时，价格离散程度 $p_H^{1*} - p_L^{1*}$ 的变化取决于 m 的系数 $q_L + q_L\beta + q_H\beta - 2q_H$ 是否大于零，即 $\frac{\beta(q_H + q_L)}{2q_H - q_L}$ 是否大于 1。因为 $\frac{2q_H - q_L}{q_H + q_L} > \frac{1}{2}$，当 $\beta > \frac{2q_H - q_L}{q_H + q_L} > \frac{1}{2}$ 时，m 的系数大于零，买家搜寻活动效率的提高（即 m 的下降）会降低卖家商品的价格，但对高声誉卖家的价格影响较大，因此会降低价格离散程度；当 $\beta = \frac{2q_H - q_L}{q_H + q_L}$ 时，m 的系数等于零，搜寻活动效率的提高对价格离散程度没有影响；当 $\beta < \frac{2q_H - q_L}{q_H + q_L}$ 时，m 的系数小于零，搜寻活动效率的提高会降低卖家商品的价格，但对低声誉卖家的价格影响较大，因此会增加价格离散程度。

这里的解释是，买家搜寻活动效率的提高促使买家付出更多的搜寻活动，迫使卖家降低产品价格。当高声誉卖家所占的比例相对较小时，对高声誉卖家来说，降价使得买家发现其概率的增加相对较小，因此相对低声誉卖家，高声誉卖家降价的幅度较小，这导致价格离散程度的增加；反之亦然。

第四节　小结

经典的搜寻理论文献认为搜寻成本的存在使得传统竞争市场中同质产品销售具有价格离散现象，本章基于搜寻理论，分析了在网上交易市场中，当卖家声誉存在差异以及买家保留价格存在差异时，搜寻成本对网上交易市场价格水平和价格离散程度的影响，进而研究了网上交易市场声誉机制与搜寻成本之间的相互作用。在搜寻成本较高的情况下，无论高声誉卖家如何定价，低声誉卖家都可以通过降低产品价格来弥补低声誉劣势。由于较高的搜寻成本,买家发现高声誉卖家比较困难,这样对高声誉卖家来说维持一个相对较高的价格就是一个更好的选择。研究表明:高保留价格的买家具有较高的搜寻动机,而较高的搜寻成本使得不同声誉水平的卖家可以同时存在于网上交易市场,为了同高声誉卖家展开竞争,低声誉卖家不得不将产品的价格降低,而高声誉卖家也有抬高产品价格的动机,从而导致网上交易市场产品价格的离散化;随着搜寻效率的提高,市场均衡价格不断降低,最终低声誉卖家将被逐出网上交易市场。

第五章 平台收费对网上交易市场价格离散的影响

由于本书的研究是基于网上交易市场的，尤其以 B2C、C2C 市场为例，该市场具有典型的双边市场特征，因此作为促成双边用户交易的平台所提供的服务不是全免费的，平台势必对两边交易的用户进行收费以获得收入。因此，本章探讨了网上交易平台对卖家和买家进行收费时，对均衡价格水平和离散程度的影响。

第一节 引言

众所周知，一个网络交易平台或电子商务平台的运营必须要有收益的来源，即应该有其一定的商业模式、盈利模式，一个企业或运营商提供给用户的任何形式的产品或服务都不是免费的。那么，一个网络交易平台的收费问题，实际上就是平台的盈利模式问题，很多人认为谁用平台就向谁收费，谁用得多、占用得多就向谁多收费。但现实是平台收费问题远没有想象得那么简单，除了要看平台的商务模式外，还要看在该平台上交易用户的类型。有的用户使用该平台是需要付费的，而有的用户是免费的。这些免费的用户群体在网络平台人气积攒方面起到了关键作用,即这些用户能够激发网络效应,平台往往采取补贴的策略极力地吸引这些用户群体,这种策略在双边市场产业中应用极为广泛。

典型的具有双边市场特性的产业不仅涵盖了传统产业,如传媒产业、中介等,而且还包括了新兴产业,如软件产业、电子支付产业、互联网等。双边市场中的平台企业可能对其中一边用户采取低价甚至免费、补贴的策略,以便让这边市场尽可能多地积累用户;通过交叉外部性的影响提高另一边市场上用户的支付意愿,是实现更多利润的一种手段。为何平台企业的利润主要来源于某一个市场,而对另一边市场优惠,甚至实施补贴?这本质上就是解决平台企业对双边市场价格结构的确定问题。但是,传统竞争理论认为,当企业把价格压得低于其平均成本时,可能就是一种掠夺性定价,常常被政府所限制,因为政府判定这种低于成本的定价行为的目的在于阻止潜在对手进入,或者试图将已有竞争对手驱逐出市场,获取垄断地位后实施有损消费者利益的企业行为。所以这一部分的已有研究也强调了双边市场中的补贴与掠夺性定价的差别。

从现有的主要网络交易平台来看,淘宝网主要对卖家收取约1000元(商品类目不同,收取的费用也不同)的接入(或入驻)保证金、接入费、软件使用费、上架费、推荐费、橱窗软件费、旺铺费、店铺模板费、数据分析费、广告推广费等。天猫商城的收费包括接入保证金、扣点、店铺模板、软件费、数据分析费、广告推广费等。其中,接入保证金分为两类,一类是R① 商标的商品保证金为5万元,另一类是TM② 商标的商品保证金为10万元。对于商品的接入年费为6万元,扣点在5%左右,而其余的费用因服务不同收费也有所差异,但天猫商城对旺铺是免费的。京东保证金为1万~10万元,平台接入

---

① R 是 REGISTER 的缩写,用在商标上是指注册商标的意思。用圆圈 R,是"注册商标"的标记,意思是该商标已在国家商标局进行注册申请并已经商标局审查通过,成为注册商标。

② TM 是 TRADE MARK 的缩写,TM 表示的是该商标已经向国家商标局提出申请,并且国家商标局也已经下发了《受理通知书》,进入了异议期,这样就可以防止其他人提出重复申请,也表示现有商标持有人有优先使用权。

费为6000元每年，但扣点高达12%以上。而亚马逊（中国）除了收取交易佣金外，不收取其他任何费用，但是对于入驻的商品资质有较高的要求。还有其他的网络交易平台采取的收费模式也大同小异，但所有的平台目前来说对于买家都是免费的，从而吸引更多的买家到该平台进行消费。既然交易平台对卖家进行收费，而且收费的方式又多元化，那么对于卖家来说就有一定的不可忽视的成本，成本的差异也会使得不同的卖家采取不同的商品定价策略。

虽然在平台企业定价方面已经有丰富的研究成果，但现有研究主要是针对平台企业的定价策略及其利润最大化问题，而对于平台收费如何影响卖家的定价策略及买家的搜寻活动鲜有研究，尤其是平台定价将如何影响网上交易市场中的价格离散程度更是少见。这为本章研究提出了方向，本章将从理论角度分析网上交易市场的平台收费策略对价格离散的影响，并分析了同类型买家与不同类型买家两种情况。

第二节 买家类型相同时平台收费对价格离散的影响

一、平台对卖家收费时的市场均衡分析

由于本章中有关卖家的假设以及卖家登录产品价格的假设与第四章第二节中的假设一致，在此就不再赘述。假设所有的买家类型相同，具有相同的偏好，即更愿意跟声誉高的卖家交易，买家的保留价格与搜寻效率分别用 p_R 和 m 表示。卖家商品的成本均为 p_C，$p_R > p_C$。在一次交易中，如果卖家选择了合作，则买家可以得到 $(p_R - p_j)$ 的效用；如果卖家选择了欺骗，则买家可以得到 d 的效用。卖家选择合作时买家得到的效用要大于卖家选择欺骗时买家得到的效用，$p_R - p_j > d$。这里不考虑卖家在每一次交易中究竟是选择合作还是欺

骗，假定所有的买家和卖家都是风险中性的。

尽管网上交易平台对卖家收取一定的接入费等固定的费用，但就单件商品而言其富含的固定成本是比较低的，而大多成本体现在交易费用提成（扣点或交易佣金）上。按照前面第三章的假设，这里用 e 来表示单件商品的固定陈列费，用 $\mu \in [0,1)$ 表示交易提成，用 $C = p_C + e$ 表示卖家销售单件商品的固定成本。

如果买家随机地在卖家中选择交易对象，那么买家的期望效用为：

$$U = \beta[q_H(p_R - p_H) + (1 - q_H)d] + (1 - \beta)[q_L(p_R - p_L) + (1 - q_L)d]$$

与第四章第二节中的假设一样，如果买家投入 s^2 的搜寻活动，则买家需要付出 ms^2 的搜寻成本。对于 q_H 类型的某一卖家来说，在其他卖家价格既定的情况下降低价格会增加买家的搜寻活动，增加了买家选择高声誉卖家的概率。但是卖家降价的同时也将损失部分利润。这样，q_H 类型单个卖家的最优化问题为：

$$\max_{p_H} \frac{\beta + s}{\beta N}[(1 - \mu)p_H - C] \tag{5-1}$$

$$s.t. \quad (1 - \mu)p_H - C \geq 0$$

同理，q_L 类型单个卖家的最优化问题为：

$$\max_{p_L} \frac{1 - \beta - s}{(1 - \beta)N}[(1 - \mu)p_L - C] \tag{5-2}$$

$$s.t. \quad (1 - \mu)p_L - C \geq 0$$

买家在高声誉卖家和低声誉卖家定价策略下选择搜寻活动 s 来最大化其单期的效用，即：

$$\max_s \left[(\beta + s)[q_H(p_R - p_H) + (1 - q_H)d] + (1 - \beta - s)[q_L(p_R - p_L) + (1 - q_L)d] - ms^2\right] \tag{5-3}$$

$$s.t. \quad s \geq 0, \; \beta + s \leq 1$$

买家的最优搜寻活动为：

$$s = \frac{q_H(p_R - p_H) - (q_H - q_L)d - q_L(p_R - p_L)}{2m} \quad (5-4)$$

将式（5-4）代入式（5-1）和式（5-2），分别可得 q_H 类型单个卖家和 q_L 类型单个卖家的价格水平：

$$p_H^{2*} = \frac{2m(1+\beta)(1-\mu) + (q_H - q_L)(p_R - d)(1-\mu) + (2q_H + q_L)C}{3q_H(1-\mu)} \quad (5-5)$$

$$p_L^{2*} = \frac{2m(2-\beta)(1-\mu) - (q_H - q_L)(p_R - d)(1-\mu) + (q_H + 2q_L)C}{3q_L(1-\mu)} \quad (5-6)$$

再将式（5-5）、式（5-6）代入式（5-4）中得：

$$s^{1*} = \frac{2m(1-2\beta)(1-\mu) + (q_H - q_L)(p_R - d)(1-\mu) - (q_H - q_L)C}{6m(1-\mu)} \quad (5-7)$$

由式（5-7）显然可以得到如下命题：

命题 5.1 买家的搜寻活动 s 随着网络平台对卖家收取的陈列费 e 与交易金额提成比例 μ 的增加而减少，且当 $\dfrac{C}{1-\mu} = \dfrac{2m(1-2\beta) + (q_H - q_L)(p_R - d)}{q_H - q_L}$ 时，买家不进行任何搜寻活动。

网络平台通过收费获得平台必要的运营费用、维护费用以及利润，然而平台对卖家的收费会提高卖家的成本，导致卖家通过各种途径对增加的成本进行部分或全部的转嫁。卖家的提价使得买家保留价格与定价之间的差距缩小了，继而导致买家可进行的搜寻活动相应减少，倘若平台收费水平过高，将会导致买家进行搜寻无利可图，因此买家将会选择不搜寻。买家搜寻活动效率的高低将直接影响高声誉卖家与低声誉卖家在网上交易市场中的市场地位，从而影响市场结构。由此得到以下命题：

命题 5.2 （1）当买家搜寻活动的效率较低，即：

$$m \geq \frac{(q_H - q_L)(p_R - d)(1-\mu) - (q_H - q_L)C}{2(2-\beta)(1-\mu)}$$ 时，

高声誉卖家和低声誉卖家同时存在于网上交易市场。

（2）当买家搜寻活动效率较高，即：

$$m < \frac{(q_H - q_L)(p_R - d)(1-\mu) - (q_H - q_L)C}{2(2-\beta)(1-\mu)}$$

此时，低声誉卖家被驱逐出网上交易市场。

证明：（1）当 $m \geq \dfrac{(q_H - q_L)(p_R - d)(1-\mu) - (q_H - q_L)C}{2(2-\beta)(1-\mu)}$ 时，若 $\beta + s \leq 1$，此时，由式（5-6）可以看出，约束条件 $(1-\mu)p_L^{2*} - C = \dfrac{\begin{bmatrix} 2m(2-\beta)(1-\mu) + (q_H - q_L)C \\ -(q_H - q_L)(p_R - d)(1-\mu) \end{bmatrix}}{3q_L} \geq 0$ 为松弛约束，从而 $(1-\mu)p_H^{2*} - C \geq 0$ 也为松弛约束，所以上述解均为最优解。低声誉卖家制定的价格高于成本，因此，较低的搜寻效率使得高声誉卖家和低声誉卖家同时存在于网上交易市场。

（2）当 $m < \dfrac{(q_H - q_L)(p_R - d)(1-\mu) - (q_H - q_L)C}{2(2-\beta)(1-\mu)}$ 时，$\beta + s \leq 1$ 和 $(1-\mu)p_H^{2*} - C \geq 0$ 都为紧约束。此时只要高声誉卖家将价格定在略低于 p_H^{2*} 的水平上，买家的搜寻活动就会使得低声誉卖家无利可图，从而退出网上交易市场。

证毕。

由式（5-5）与式（5-6）可得：

命题 5.3 当不同声誉的卖家同时存在于网上交易市场，随着平台对卖家收取的陈列费以及交易金额提成比例的增加，市场均衡时，高声誉卖家与低声誉卖家的定价均有所提高。

当网络交易平台对卖家不收取任何费用时，卖家的总成本较低，因此卖家可以制定相对较低的商品价格，然而当平台对卖家收取陈列费以及交易金额提成时，卖家为了盈利，不得不提高定价。

命题 5.4 当不同声誉水平的卖家同时存在于网上交易市场，若：

$$\beta > \max\left\{0, \frac{2m(2q_H - q_L)(1-\mu) + (q_H^2 - q_L^2)C - (q_H^2 - q_L^2)(p_R - d)(1-\mu)}{2m(q_H + q_L)(1-\mu)}\right\}$$

则市场均衡时，高声誉卖家制定的价格较高，低声誉卖家制定的价格较低，即网上交易市场存在价格离散现象。

证明：当不同声誉的卖家同时存在于网上交易市场，

由于 $p_H^{2*} - p_L^{2*} = \dfrac{\begin{bmatrix} 2m[(1+\beta)q_L - (2-\beta)q_H](1-\mu) + \\ (q_H^2 - q_L^2)(p_R - d)(1-\mu) - (q_H^2 - q_L^2)C \end{bmatrix}}{3q_H q_L (1-\mu)}$

要使 $p_H^{2*} - p_L^{2*} > 0$

当且仅当 $2m[(1+\beta)q_L - (2-\beta)q_H](1-\mu) + (q_H^2 - q_L^2)(p_R - d)(1-\mu) - (q_H^2 - q_L^2)C > 0$

即 $\beta > \max\left\{0, \dfrac{2m(2q_H - q_L)(1-\mu) + (q_H^2 - q_L^2)C - (q_H^2 - q_L^2)(p_R - d)(1-\mu)}{2m(q_H + q_L)(1-\mu)}\right\}$

此时，高声誉卖家制定的价格较高，低声誉卖家制定的价格较低，网上交易市场存在价格离散现象。

此命题说明，即使高声誉卖家与低声誉卖家同时存在于网上交易市场，由于此时买家的搜寻效率较低，因此，买家要想从众多卖家中搜寻到高声誉卖家相对来说是较难的，而且花费的搜寻成本也较大。如果市场上高声誉卖家的比例较低，买家的搜寻动机很小，也就是说买家对搜寻到高声誉卖家的心理预期比较低，从而导致搜寻活动的减少。在这种情况下，高声誉卖家为了生存不得不制定与低声誉卖家无差异的价格，即市场上不存在价格离散现象。

由命题5.4的证明显然可得：

推论5.1 当不同声誉的卖家同时存在于网上交易市场，且网上交易市场存在价格离散，随着平台对卖家收取的陈列费的增加或交易金额提成比例的增加，网上交易市场价格离散程度降低，且当 $\dfrac{C}{1-\mu} = \dfrac{2m[(1+\beta)q_L - (2-\beta)q_H] + (q_H^2 - q_L^2)(p_R - d)}{q_H^2 - q_L^2}$ 时，网上交易市场价格离散现象消失。

推论5.2 网络平台对卖家收取的陈列费 e 与收取的交易金额提成比例 μ 反方向变化。

推论5.2由推论5.1可直接得到。

在一些网上拍卖平台中，如 eBay 对卖家收取的陈列费为 0.10～4.80 美元，Amazon 收取的陈列费仅为 0.10 美元，亚马逊（中国）不收取任何费用，只收取交易佣金；而 bidville.com 根本不收取陈列费。许多国外的网络交易平台对于陈列费基本上是象征性地收取，而主要对卖家收取交易提成，并且陈列费收取高的平台收取的交易提成比例小，陈列费低或者为零的平台收取的交易提成比例大。

推论 5.3 网上交易市场价格离散现象消失时，低声誉卖家仍存在于网上交易市场。

证明：由推论 5.1 可知，当 $\dfrac{C}{1-\mu} = \dfrac{2m[(1+\beta)q_L - (2-\beta)q_H] + (q_H^2 - q_L^2)(p_R - d)}{q_H^2 - q_L^2}$ 时，网上交易市场中价格离散现象消失。

此时，

$$(1-\mu)p_L^{2*} - C = \dfrac{\begin{bmatrix} 2m(2-\beta)(1-\mu) + (q_H - q_L)C \\ -(q_H - q_L)(p_R - d)(1-\mu) \end{bmatrix}}{3q_L}$$

$$= \dfrac{\begin{bmatrix} (q_H - q_L)\dfrac{2m[(1+\beta)q_L - (2-\beta)q_H] + (q_H^2 - q_L^2)(p_R - d)}{q_H^2 - q_L^2}(1-\mu) \\ + 2m(2-\beta)(1-\mu) - (q_H - q_L)(p_R - d)(1-\mu) \end{bmatrix}}{3q_L}$$

$$= \dfrac{\dfrac{2m3q_L(1-\mu)}{q_H + q_L}}{3q_L}$$

$$= \dfrac{2m(1-\mu)}{q_H + q_L} > 0$$

即，低声誉卖家仍然存在于网上交易市场。

证毕。

推论 5.1 说明，网络平台运营商可以通过对卖家适当地收取一定的陈列费和交易金额提成来调节网上交易市场的价格离散程度。当离散程度较低时，如果平台运营商认为有必要可以减少对卖家的收费，不但增加了市场中同质商品的价格离散程度,同时还降低了市场准入的门槛。反之,当网上交易市场价格离散程度太高,影响了市场的正常竞争局面(避免恶性竞争),平台运营者可以适当提高收费标准,降低同质商品的价格离散程度。推论5.2能够很好地解释现在网络平台的收费策略问题。如果网络平台收取的陈列费用高,则平台收取的交易金额提成必定较小,否则将导致卖家脱离平台。反之,如果网络平台收取的陈列费用低,则平台收取的交易金额提成必定较大。按照中国目前的网络市场来看,大部分平台选择只是象征性地收取较低的陈列费用,而收取较高的交易金额提成。网络平台之所以这样选择主要有两个原因:

第一,收取较低的陈列费用是为了避免卖家大量长时间地陈列商品,而占有网络资源。

第二,主要采用交易金额提成避免了因为产品的差异而收取同样的费用。

而推论5.3说明当网络平台对卖家收费后,并不是因为收费迫使低声誉卖家退出网上交易市场而导致了网上交易市场中价格离散现象的消失,而是因为平台的收费导致了两类卖家的产品定价都有所提高,而低声誉卖家定价提高的幅度要高于低声誉卖家定价提高的幅度,而当平台收费达到某一临界值时,两类卖家的定价正好一致,从而导致网上交易市场中价格离散现象消失。

命题5.5 搜寻交易价格并不是买家的唯一目标。

证明:由命题5.1和推论5.1可得到:

$$\frac{2m(1-2\beta)+(q_H-q_L)(p_R-d)}{q_H-q_L} - \frac{2m[(1+\beta)q_L-(2-\beta)q_H]+(q_H^2-q_L^2)(p_R-d)}{q_H^2-q_L^2}$$

$$= \frac{2m(1-2\beta)(q_H+q_L)-2m[(1+\beta)q_L-(2-\beta)q_H]}{q_H^2-q_L^2}$$

$$= \frac{6m[(1-\beta)q_H-\beta q_L]}{q_H^2-q_L^2}$$

当 $q_H > \dfrac{\beta q_L}{1-\beta}$ 时,网上交易市场中价格离散现象消失,但买家仍然进行搜寻。

证毕。

以往的研究认为,买家之所以投入搜寻成本进行搜寻活动是因为买家为了寻求一个更合理的成就价格,即买家希望与定价较低的卖家进行交易。买家会根据自己效用的最大化决定自己搜寻活动的投入量,以期找到理想的交易对象。从该命题的研究可以看出,即使所有的卖家定价一样,买家的搜寻活动仍然没有停止,这说明搜寻到合适的交易价格并不是买家的唯一目标,其实买家在交易过程中还看中卖家的其他东西,如卖家的声誉等。但是并不是在任何情况下买家都会进行搜寻,只有高声誉卖家的声誉值比低声誉卖家的声誉值高出一定幅度时,买家才会进行搜寻活动,也就是说在这种情况下,买家认为付出搜寻活动来寻求高声誉卖家是值得的。

二、平台对卖家与买家均收费时的市场均衡分析

在目前的中国网络交易市场中,大多交易平台(除了网络游戏等平台)对于买家来说免费使用。产生这种情况的一个原因是买家用户群体对价格比较敏感,而且网络交易平台之间又面临着竞争,买家用户是比较容易更换交易平台的,一旦收费,势必会造成买家用户的流失,那么网络交易平台为了留住这些买家用户,对其收费的可能性很低,所以这些价格敏感度高的买家群体也就成为了平台用户中的被补贴对象。但为了更加深入全面地分析平台收费对价格离散程度的影响,这里将平台对买家收费问题进行了分析。

假设一个网上交易市场中平台的拥有者对买家每次交易也收取一定的费用,不妨用f来表示。由于平台收取的费用也不能过高,假设网络平台知道买家的保留价格,从而制定的收费标准能够满足$p_R - p_j - f > d$,$(j = H, L)$。

当网络平台对买家收费后,买家随机地在卖家中选择交易对象,那么买家的效用为:

$$U = \beta[q_H(p_R - f - p_H) + (1 - q_H)d] + (1 - \beta)[q_L(p_R - f - p_L) + (1 - q_L)d]$$

(5-8)

买家在高声誉卖家和低声誉卖家定价策略下选择搜寻活动来最大化其单期的效用,即:

$$\max_s \begin{bmatrix} (\beta+s)[q_H(p_R-f-p_H)+(1-q_H)d] + \\ (1-\beta-s)[q_L(p_R-f-p_L)+(1-q_L)d] - ms^2 \end{bmatrix} \quad (5-9)$$

$$s.t. \quad s \geq 0, \beta+s \leq 1$$

买家的最优搜寻活动为：

$$s = \frac{q_H(p_R-f-p_H)-(q_H-q_L)d-q_L(p_R-f-p_L)}{2m} \quad (5-10)$$

将式(5-10)代入式(5-1)和式(5-2)，分别可得 q_H 类型单个卖家和 q_L 类型单个卖家的价格水平：

$$p_H^{3*} = \frac{2m(1+\beta)(1-\mu)+(q_H-q_L)(p_R-f-d)(1-\mu)+(2q_H+q_L)C}{3q_H(1-\mu)}$$

$$(5-11)$$

$$p_L^{3*} = \frac{2m(2-\beta)(1-\mu)-(q_H-q_L)(p_R-f-d)(1-\mu)+(q_H+2q_L)C}{3q_L(1-\mu)}$$

$$(5-12)$$

再将式(5-11)、式(5-12)代入式(5-10)中得：

$$s^{2*} = \frac{2m(1-2\beta)(1-\mu)+(q_H-q_L)(p_R-f-d)(1-\mu)-(q_H-q_L)C}{6m(1-\mu)}$$

$$(5-13)$$

命题5.6 网络平台对买家的收费将导致买家减少搜寻活动。

证明：由式（5-7）知道，当网络平台不收取买家费用时，买家效用最大时的搜寻活动为：

$$s^{1*} = \frac{2m(1-2\beta)(1-\mu)+(q_H-q_L)(p_R-d)(1-\mu)-(q_H-q_L)C}{6m(1-\mu)}$$

而由式(5-13)知道，当网络平台对买家收费时，买家效用最大化时的搜寻活动为：

$$s^{2*} = \frac{2m(1-2\beta)(1-\mu)+(q_H-q_L)(p_R-f-d)(1-\mu)-(q_H-q_L)C}{6m(1-\mu)}$$

因此 $s^{2*} - s^{1*} = \frac{-f(q_H-q_L)}{6m} < 0$

故平台对买家收费后买家的搜寻活动相应地减少了。

证毕。

如果该网络平台具有独占性，也就是说，即使在收费的情况下，买家用户没有其他的交易平台可以选择，要想完成交易买家只能选择该平台。因此，在平台对买家收费后，相当于买家的保留价格均有所降低，从而留给买家进行搜寻的空间压缩了，故买家搜寻的动机降低了，进行的搜寻活动也减少了。

命题5.7 网上交易市场的交易平台对卖家和买家同时收费时，使得不同声誉的卖家更容易在网上市场中共存。

证明：因为命题5.2中高声誉卖家与低声誉卖家同时存在于网上交易市场的条件为：

$$m \geqslant \frac{(q_H - q_L)(p_R - d)(1 - \mu) - (q_H - q_L)C}{2(2 - \beta)(1 - \mu)}$$

由式(5-12)可以看出，若要：

$$(1 - \mu)p_L^{2*} - C = \frac{[2m(2-\beta)(1-\mu) + (q_H - q_L)C - (q_H - q_L)(p_R - f - d)(1-\mu)]}{3q_L} \geqslant 0$$

当且仅当：

$$m \geqslant \frac{[(q_H - q_L)(p_R - f - d)(1 - \mu) - (q_H - q_L)C]}{2(2 - \beta)(1 - \mu)}$$

显然命题5.2中对搜寻效率 m 约束条件要更强，即命题5.2中的搜寻效率更低。

因此，只要当网络平台对卖家收费时，不同声誉卖家能够同时存在于网上交易市场，则平台对卖家和买家都收费时，不同声誉的卖家仍然可以同时存在于网上交易市场。

该命题说明当网络平台选择对买家收费时，低声誉卖家的生存空间进一步增加了。这是因为，平台对买家收费时，相当于买家的保留价格降低了，因此买家的搜寻活动减少了，那么买家想要降低信息不对称的程度减少了，继而使得低声誉卖家更容易利用信息的不对称在网上交易市场中生存。该结论也从另一个方面反映了一个问题，在网络卖家用户保护方面，平台的运营商是可以有所作为的。按照以往的情况来看，网络平台运营商可能对新进入平台的企业在收费等方面会有一定时期的减免，这固然对降低卖家用户的成本是有一定帮助的。而通过该研究结论又多了一种保护和扶持新进卖家的方式，也就是网络平台可以采取对买家进行收费等手段，避免初生卖家被资深卖家驱逐出市场，避免了市场被垄断的局面，进而增加了网络市场中卖家间的竞争性。

命题 5.8 当不同声誉水平的卖家同时存在于网上交易市场，若：

$$\beta > \max\left\{0, \frac{2m(2q_H - q_L)(1-\mu) + (q_H^2 - q_L^2)C - (q_H^2 - q_L^2)(p_R - f - d)(1-\mu)}{2m(q_H + q_L)(1-\mu)}\right\}$$

则市场均衡时，高声誉卖家制定的价格较高，低声誉卖家制定的价格较低，即网上交易市场存在价格离散现象。

证明：当不同声誉的卖家同时存在于网上交易市场，

由于 $p_H^{3*} - p_L^{3*} = \dfrac{\begin{bmatrix}2m[(1+\beta)q_L - (2-\beta)q_H](1-\mu) + \\ (q_H^2 - q_L^2)(p_R - f - d)(1-\mu) - (q_H^2 - q_L^2)C\end{bmatrix}}{3q_H q_L (1-\mu)}$

要使 $p_H^{3*} - p_L^{3*} > 0$

只要 $2m[(1+\beta)q_L - (2-\beta)q_H](1-\mu) + (q_H^2 - q_L^2)(p_R - f - d)(1-\mu) - (q_H^2 - q_L^2)C > 0$

即 $\beta > \max\left\{0, \dfrac{2m(2q_H - q_L)(1-\mu) + (q_H^2 - q_L^2)C - (q_H^2 - q_L^2)(p_R - f - d)(1-\mu)}{2m(q_H + q_L)(1-\mu)}\right\}$

此时，高声誉卖家制定的价格较高，低声誉卖家制定的价格较低，网上交易市场存在价格离散现象。

证毕。

如果网上交易市场中，高声誉卖家的比例过低，在这种情况下，买家要想搜寻到合适的交易对象是很难的，即使付出了大量的搜寻成本仍无法找到高声誉卖家。买家此时的选择要么是放弃搜寻，把每一个交易对象都当作低声誉卖家同等看待；要么是买家放弃交易，认为该网络市场是一个"不可靠"的交易平台；要么买家进行搜寻，但搜寻动力不强。但这几种情况都会导致高声誉卖家无法利用声誉优势提高产品的定价，只能与低声誉卖家制定相同的商品价格。

命题5.9 当不同声誉的卖家同时存在于网上交易市场，随着平台对买家收费增加，市场均衡时，高声誉卖家的定价降低，而低声誉卖家的定价提高。

证明：由式（5-5）、式（5-6）以及式（5-11）、式（5-12）可知：

$$p_H^{3*} - p_H^{2*} = \frac{-f(q_H - q_L)}{3q_H} < 0$$

而 $p_L^{3*} - p_L^{2*} = \frac{f(q_H - q_L)}{3q_L} > 0$

故平台对卖家和买家收费后，高声誉卖家价格下降，低声誉卖家价格提高。

证毕。

当网络交易平台对买家收费时，相当于买家的保留价格减少了，从而买家付出的搜寻活动减少，高声誉卖家所具有的声誉价值也相应地贬值了，因此高声誉卖家的价格有所下降。相反，对低声誉卖家来说，提高一定幅度的价格不会减少其交易的数量，从而低声誉卖家的价格有所提高。

由命题5.9及其证明显然可以得出下面的重要推论：

推论5.4 网络平台对买家收费将导致网上交易市场的价格离散程度进一步降低。

推论5.5 当不同声誉的卖家同时存在于网上交易市场，且网上交易市场存在价格离散，当平台对卖家收取的陈列费以及交易金额提成比例一定时，随着平台对买家收费的增加网上交易市场价格离散程度降低，且当 $\frac{C}{1-\mu} = \frac{[2m[(1+\beta)q_L - (2-\beta)q_H] + (q_H^2 - q_L^2)(p_R - f - d)]}{q_H^2 - q_L^2}$ 时，网上交易市场价格离散现象消失。

由于平台对买家收取费用后，买家的搜寻活动减少，这对于高声誉卖家来说并不是一个好消息。买家搜寻活动的减少使得高声誉卖家被选中交易的概率下降了，声誉价值此时有所降低，从而高声誉卖家不得不适当降低其定价。相反，买家搜寻活动的减少对于低声誉卖家的生存与交易概率提高是有利的，低声誉卖家在原有价格的基础上略微提升一定幅度对其交易不会产生太大的负面影响。因此，当网上交易市场达到均衡时，高声誉与低声誉卖家之间的定价差距进一步缩小了，即网上交易市场价格离散程度降低了。

三、算例分析

1. 网络平台只对卖家收费

为了说明平台收费（陈列费及交易提成）对搜寻活动及价格离散的影响，这里需要对其他参数赋值①。假定不同声誉的卖家同时存在于网上交易市场，高声誉卖家选择合作的概率必定高于低声誉卖家选择合作的概率，参考李维安等（2007）的实证研究结论，假定 $q_H = 0.9986$，$q_L = 0.9545$。假定高声誉卖家所占的比例为 $\beta = 0.6$，这是因为在网上交易市场中，由于评价系统及卖家通过技术性手段可以调整其信誉评判，继而导致高声誉卖家所占的比例比较高。由于不同类别商品的成本价格具有较大差异，有低至几分钱的，也有高至上千元的，为了计算的方便，假设卖家登录商品的成本 $p_C = 0.4$，买家对该商品的保留价格为 $p_R = 10$。此外，现实当中，买家的类型是不同的，既有搜寻效率高的，也有搜寻效率低的，这里假定所有买家的类型相同，且假定买家搜寻效率是中等的，即 $m = 0.5$。卖家选择欺骗时买家获得的效用较低，有些情况下买家会获得负效用，因此假定买家被卖家欺骗时，获得较小的效用值比较合理，因此令 $d = 0.5$。则通过 MATLAB 软件进行仿真分析，可以看出随着平台对卖家收费时的价格离散趋势，如图 5-1 所示。

---

① 这些参数的取值能够满足其取值范围，但也许并不是真实值，这是因为网络市场中不同商品的卖家数量是不同的，而且声誉值差异也较大，因此本算例中的取值只是参考其他文献及经验所得，但取值不会影响分析的结果。

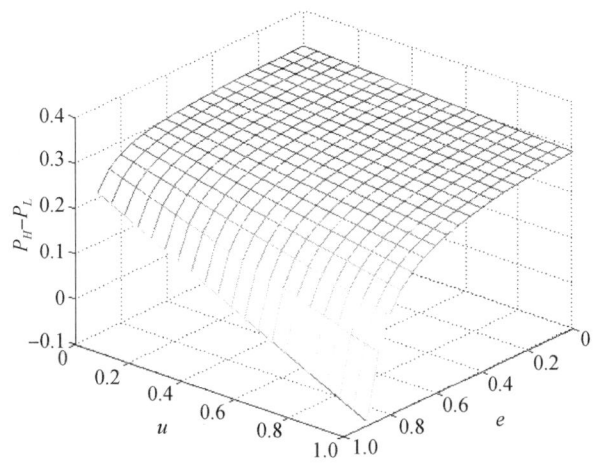

图 5-1　平台对卖家收费时的价格离散趋势

2. 网络平台对卖家和买家均收费

除了上述假设外,这里需要对额外的参数赋值。在实际网络交易中,由于平台对卖家收取的陈列费只是象征性的,而在此重点考察平台对买家收费的影响,因此,不妨假定 $e=0.05$。在其他条件不变的情况下,可得到网上交易市场中价格离散随着平台对买家收取的接入费以及对平台收取的交易提成变化时的变化趋势,如图 5-2 所示。

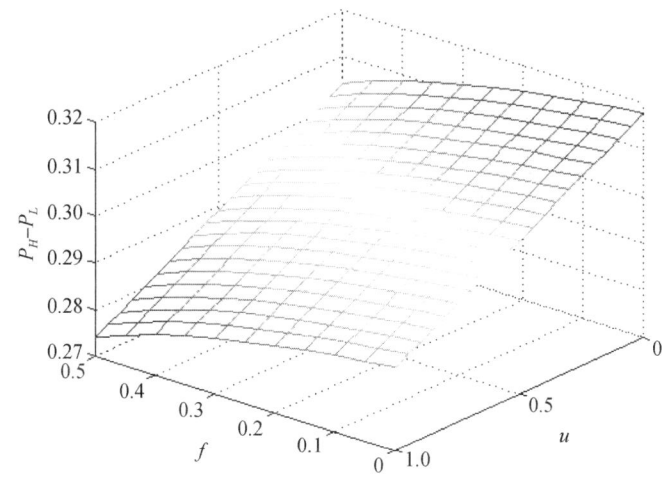

图 5-2　平台对买家收费时的价格离散趋势

从图 5-2 可以看出，随着网络平台对买家收取的接入费的增加，价格离散程度逐渐变小。说明接入费不但导致买家保留价格降低，而且使得买家的搜寻活动减少，从而使得高声誉卖家的定价降低，低声誉卖家的定价略微提高，这也是比较符合现实状况的。

第三节 买家类型不同时平台收费对价格离散的影响

市场营销学认为，消费者每一个个体都具有一定的差异性，也就是说买家的财富状况、价值理念、消费观、审美观、心理因素、文化差异、受教育程度、性别等不同导致了其消费行为存在差异。在行为经济学中，将消费者划分成理性消费者、不完全理性消费者、冲动型消费者、非理性消费者等几种类型，每一种消费者都具有其独特的消费行为特征，那么商品的销售者就可以有针对性地制定不同的营销策略。在本书中仅研究理性的消费者，非理性消费者等不在讨论范畴内，但即使是理性消费者也存在多方面的差异。在前文中关于平台收费问题主要讨论了买家类型相同时的情况，而对于差异化买家并没有涉及。本节将仅从买家的保留价格存在差异化这一个角度，对平台收费问题进行更进一步的研究，其余买家差异化研究视角可以类似探讨分析。

一、平台对卖家收费时的市场均衡分析

这里对于卖家及买家的假设与第四章第二节中的假设相同，费用参数的设定与本章第二节相同。如果买家随机地在卖家中随机选择交易对象，那么高保留价格与低保留价格的买家的效用分别为：

$$\overline{U} = \beta[q_H(\overline{p}-p_H)+(1-q_H)d]+(1-\beta)[q_L(\overline{p}-p_L)+(1-q_L)d]$$

以及 $\underline{U} = \beta[q_H(\underline{p}-p_H)+(1-q_H)d]+(1-\beta)[q_L(\underline{p}-p_L)+(1-q_L)d]$

这里假设买家只进行一次购买行为，即买家需要购买的商品是耐用品，这

样长期动态的决策问题就变成了单期的最优化问题。

对于 q_H 类型的某一卖家来说，在其他卖家价格既定的情况下降低价格会增加买家的搜寻活动，增加了买家选择高声誉卖家的概率，进而增加了选择其的概率。但是，卖家降价的同时也将损失部分利润。这样，q_H 类型单个卖家的最优化问题为：

$$\max_{p_H} \frac{\beta + \lambda \bar{s} + (1-\lambda)\underline{s}}{\beta N}[(1-\mu)p_H - C] \quad (5-14)$$

$$s.t. \quad (1-\mu)p_H - C \geq 0$$

同理，q_L 类型单个卖家的最优化问题为：

$$\max_{p_L} \frac{1 - \beta - [\lambda \bar{s} + (1-\lambda)\underline{s}]}{(1-\beta)N}[(1-\mu)p_L - C] \quad (5-15)$$

$$s.t. \quad (1-\mu)p_L - C \geq 0$$

高保留效用买家在高声誉卖家和低声誉卖家定价策略下选择搜寻活动 $\bar{s}$ 来最大化其单期的效用，即：

$$\max_{\bar{s}} \begin{bmatrix} (\beta + \bar{s})[q_H(\bar{p} - p_H) + (1-q_H)d] + \\ (1 - \beta - \bar{s})[q_L(\bar{p} - p_L) + (1-q_L)d] - m\bar{s}^2 \end{bmatrix} \quad (5-16)$$

$$s.t. \quad \bar{s} \geq 0, \beta + \bar{s} \leq 1$$

低保留效用买家在高声誉卖家和低声誉卖家定价策略下选择搜寻活动 $\underline{s}$ 来最大化其单期的效用，即：

$$\max_{\underline{s}} \begin{bmatrix} (\beta + \underline{s})[q_H(\underline{p} - p_H) + (1-q_H)d] + \\ (1 - \beta - \underline{s})[q_L(\underline{p} - p_L) + (1-q_L)d] - m\underline{s}^2 \end{bmatrix} \quad (5-17)$$

$$s.t. \quad \underline{s} \geq 0, \beta + \underline{s} \leq 1$$

高保留效用买家和低保留效用买家的最优搜寻活动分别为：

$$\bar{s} = \frac{q_H(\bar{p} - p_H) - (q_H - q_L)d - q_L(\bar{p} - p_L)}{2m} \quad (5-18)$$

$$\underline{s} = \frac{q_H(\underline{p} - p_H) - (q_H - q_L)d - q_L(\underline{p} - p_L)}{2m} \quad (5-19)$$

将式（5-18）、式（5-19）代入式（5-14）和式（5-15），分别可得 q_H 类型单个卖家和 q_L 类型单个卖家的价格水平：

$$p_H^{4*} = \frac{\begin{bmatrix} 2m(1+\beta)(1-\mu) + \\ \lambda(q_H-q_L)(\bar{p}-\underline{p})(1-\mu) \end{bmatrix} + \begin{bmatrix} (q_H-q_L)(\underline{p}-d)(1-\mu) \\ +(2q_H+q_L)C \end{bmatrix}}{3q_H(1-\mu)} \quad (5-20)$$

$$p_L^{4*} = \frac{\begin{bmatrix} 2m(2-\beta)(1-\mu) - \\ \lambda(q_H-q_L)(\bar{p}-\underline{p})(1-\mu) \end{bmatrix} - \begin{bmatrix} (q_H-q_L)(\underline{p}-d)(1-\mu) \\ -(q_H+2q_L)C \end{bmatrix}}{3q_L(1-\mu)} \quad (5-21)$$

再将式(5-20)、式(5-21)代入式(5-18)和式(5-19)中得：

$$\bar{s}^{2*} = \frac{\begin{bmatrix} 2m(1-2\beta)(1-\mu) - \\ 2\lambda(q_H-q_L)(\bar{p}-\underline{p})(1-\mu) \end{bmatrix} + \begin{bmatrix} (q_H-q_L)(3\bar{p}-2\underline{p}-d)(1-\mu) \\ -(q_H-q_L)C \end{bmatrix}}{6m(1-\mu)}$$

$$(5-22)$$

$$\underline{s}^{2*} = \frac{\begin{bmatrix} 2m(1-2\beta)(1-\mu) - \\ 2\lambda(q_H-q_L)(\bar{p}-\underline{p})(1-\mu) \end{bmatrix} + \begin{bmatrix} (q_H-q_L)(\underline{p}-d)(1-\mu) \\ -(q_H-q_L)C \end{bmatrix}}{6m(1-\mu)} \quad (5-23)$$

由式（5-22）与式（5-23）可得如下命题5.10：

命题5.10 买家的搜寻活动随着网络平台对卖家收取的陈列费 e 与交易金额提成比例 μ 的增加而减少。

（1）当 $\dfrac{C}{1-\mu} = \dfrac{2m(1-2\beta)-2\lambda(q_H-q_L)(\bar{p}-\underline{p})+(q_H-q_L)(\underline{p}-d)}{q_H-q_L}$ 时，低保留价格买家不进行任何搜寻活动。

（2）当 $\dfrac{C}{1-\mu} = \dfrac{2m(1-2\beta)-2\lambda(q_H-q_L)(\bar{p}-\underline{p})+(q_H-q_L)(3\bar{p}-2\underline{p}-d)}{q_H-q_L}$ 时，高保留价格买家不进行任何搜寻活动。

相对于低保留价格的买家来说，高保留价格的买家搜寻的条件更加宽泛。换句话说，即使在低保留价格买家不进行任何搜寻活动时，高保留价格买家仍然进行着搜寻活动。

买家搜寻活动效率的高低将直接影响高声誉卖家与低声誉卖家在网上交易市场中的市场地位,从而影响市场结构。当买家搜寻活动效率比较低时,即买家的搜寻效率 $m \geqslant \dfrac{\lambda(q_H-q_L)(\overline{p}-\underline{p})(1-\mu)+(q_H-q_L)(\underline{p}-d)(1-\mu)-(q_H-q_L)C}{2(2-\beta)(1-\mu)}$,买家为了提高与高声誉卖家交易的概率不得不付出更多的努力,从而花费的搜寻成本也比较多,因此低声誉卖家有一定的生存空间,可以利用低价格取得一定的市场份额与竞争力,此时高声誉卖家与低声誉卖家同时存在于网上交易市场。当买家搜寻活动的效率较高时,即 $m < \dfrac{\lambda(q_H-q_L)(\overline{p}-\underline{p})(1-\mu)+(q_H-q_L)(\underline{p}-d)(1-\mu)-(q_H-q_L)C}{2(2-\beta)(1-\mu)}$,买家就会付出较多的搜寻活动,发现高声誉卖家的概率也增大,q_L 类型的卖家不得不将其价格降低至较低的水平,最终导致其产品价格低于成本,低声誉卖家被驱逐出网上交易市场。

在第四章中得到,当网络平台对卖家不收取任何费用时,在市场均衡情况下,买家进行的搜寻活动以及网络市场均衡价格分别为:

$$\overline{s}^{1*} = \dfrac{2m(1-2\beta)-2\lambda(q_H-q_L)(\overline{p}-\underline{p})+(q_H-q_L)(3\overline{p}-2\underline{p}-p_C-d)}{6m}$$

$$\underline{s}^{1*} = \dfrac{2m(1-2\beta)-2\lambda(q_H-q_L)(\overline{p}-\underline{p})+(q_H-q_L)(\underline{p}-p_C-d)}{6m}$$

$$p_H^{1*} = \dfrac{2m(1+\beta)+\lambda(q_H-q_L)(\overline{p}-\underline{p})+(q_H-q_L)(\underline{p}-d)+p_C(2q_H+q_L)}{3q_H}$$

$$p_L^{1*} = \dfrac{2m(2-\beta)-\lambda(q_H-q_L)(\overline{p}-\underline{p})-(q_H-q_L)(\underline{p}-d)+p_C(q_H+2q_L)}{3q_L}$$

命题 5.11 不同声誉水平的卖家同时存在于网上交易市场,市场均衡时,所有卖家在平台收费时的定价比平台不收费时要高,但两类卖家定价提高的幅度不同。

证明:由于 $p_H^{4*} - p_H^{1*} = \dfrac{(2q_H+q_L)e+\mu(2q_H+q_L)p_C}{3q_H(1-\mu)} > 0$ 且 $p_L^{4*} - p_L^{1*} =$

$$\frac{(q_H+2q_L)e+\mu(q_H+2q_L)p_C}{3q_L(1-\mu)}>0$$

但 $p_H^{4*}-p_H^{1*}\neq p_L^{4*}-p_L^{1*}$

证毕。

命题 5.12 网络平台采取对卖家收费时，所有买家的搜寻活动都有所降低，且搜寻活动降低幅度相同。

证明：因为 $\overline{s}^{2*}-\overline{s}^{1*}=\underline{s}^{2*}-\underline{s}^{1*}=\dfrac{-(q_H-q_L)e-\mu(q_H-q_L)p_C}{6m(1-\mu)}<0$

证毕。

以上两个命题说明：当网络平台对交易进行收费后，高声誉卖家与低声誉卖家为了盈利不得不将商品的价格制定得比不收费时高，而买家对该商品的保留价格不变，此时买家的保留价格与网上卖家定价之间的差距减小，从而留给买家从事搜寻所花费的成本相应减少，故而买家均减少了搜寻活动。

由式（5-20）与式（5-21）可得：

命题 5.13 当不同声誉的卖家同时存在于网上交易市场，随着平台对卖家收取的陈列费以及交易金额提成比例的增加，当市场均衡时，高声誉卖家与低声誉卖家的定价均有所提高。

当网络交易平台对卖家不收取任何费用时，卖家的总成本较低，因此卖家可以制定相对较低的商品价格，然而当平台对卖家收取陈列费以及交易金额提成时，卖家为了盈利，不得不提高定价。

命题 5.14 当不同声誉水平的卖家同时存在于网上交易市场，若：

$$\beta>\max\left\{0,\frac{\begin{bmatrix}2m(2q_H-q_L)(1-\mu)+(q_H^2-q_L^2)C-\\(q_H^2-q_L^2)(\underline{p}-d)(1-\mu)-\lambda(q_H^2-q_L^2)(\overline{p}-\underline{p})(1-\mu)\end{bmatrix}}{2m(q_H+q_L)(1-\mu)}\right\}$$

则市场均衡时，高声誉卖家提供的产品价格较高，低声誉卖家提供的产品价格较低，网上市场中存在价格离散现象。

证明：由于：

$$p_H^{4*} - p_L^{4*} = \frac{\begin{bmatrix} 2m(q_L + q_L\beta + q_H\beta - 2q_H)(1-\mu) \\ + \lambda(q_H^2 - q_L^2)(\bar{p} - \underline{p})(1-\mu) \end{bmatrix} + \begin{bmatrix} (q_H^2 - q_L^2)(\underline{p} - d)(1-\mu) \\ - (q_H^2 - q_L^2)C \end{bmatrix}}{3q_H q_L (1-\mu)}$$

可以验证在此时 $p_H^{4*} - p_L^{4*} > 0$。因此，q_H 和 q_L 两种类型的卖家同时存在于网上交易市场，高声誉卖家制定较高的价格，获得较高的利润，低声誉卖家制定较低的价格，获得较低的利润，网上交易市场存在价格离散现象。

由命题 5.14 的证明显然可得：

推论5.6 当不同声誉的卖家同时存在于网上交易市场，且网上交易市场存在价格离散，随着平台对卖家收取的陈列费的增加或交易金额提成比例的增加，网上交易市场价格离散程度降低，而当 $\dfrac{C}{1-\mu} = \dfrac{[2m(q_L + q_L\beta + q_H\beta - 2q_H) + \lambda(q_H^2 - q_L^2)(\bar{p} - \underline{p}) + (q_H^2 - q_L^2)(\underline{p} - d)]}{q_H^2 - q_L^2}$ 时，网上交易市场价格离散现象消失。

推论5.7 网络平台对卖家收取的陈列费 e 与收取的交易金额提成比例 μ 反方向变化。

推论5.7 由推论5.6 可直接得到。

推论5.8 搜寻成本的存在并不是网上交易市场中价格离散现象存在的根本原因。

证明：由于：

$$p_H^{4*} - p_L^{4*} = \frac{\begin{bmatrix} 2m(q_L + q_L\beta + q_H\beta - 2q_H)(1-\mu) \\ + \lambda(q_H^2 - q_L^2)(\bar{p} - \underline{p})(1-\mu) \end{bmatrix} + \begin{bmatrix} (q_H^2 - q_L^2)(\underline{p} - d)(1-\mu) \\ - (q_H^2 - q_L^2)C \end{bmatrix}}{3q_H q_L (1-\mu)}$$

令 $m = 0$，此时，

$$p_H^{4*} - p_L^{4*} = \frac{\lambda(q_H^2 - q_L^2)(\bar{p} - \underline{p})(1-\mu) + \begin{bmatrix} (q_H^2 - q_L^2)(\underline{p} - d)(1-\mu) \\ - (q_H^2 - q_L^2)C \end{bmatrix}}{3q_H q_L (1-\mu)} \neq 0$$

由此可知，即使买家的搜寻效率足够高，乃至搜寻成本降至为零，网上交易市场中价格离散现象仍然存在。说明即使网上交易市场中信息对称，由于卖家声誉等存在差异，买家仍然愿意为高声誉卖家的商品支付较高的价格，而由于买家保留价格存在不同，买家中的一部分仍会从低声誉卖家那里购买较低价格的商品，从而使得网上交易市场中价格离散现象存在。

以往的研究认为，搜寻成本的存在是导致网上交易市场价格离散存在的根本原因，然而通过此处的研究分析，这一结论可能需要重新验证。需要说明的是，并不是说搜寻成本的存在不是价格离散现象存在的原因，而只能说明单从搜寻成本一个因素还无法完全解释价格离散的成因，这正是值得深入研究的所在。

命题 5.15 交易价格并不是买家进行搜寻的唯一目标。

证明：由命题 5.10 和推论 5.6 得出，两类不同保留价格买家不进行任何搜寻活动的条件与网上交易市场价格离散现象消失的条件是不同的，而：

$$\frac{[2m(q_L+q_L\beta+q_H\beta-2q_H)+\lambda(q_H^2-q_L^2)(\bar{p}-\underline{p})+(q_H^2-q_L^2)(\underline{p}-d)]}{q_H^2-q_L^2}-$$

$$\frac{2m(1-2\beta)-2\lambda(q_H-q_L)(\bar{p}-\underline{p})+(q_H-q_L)(\underline{p}-d)}{q_H^2-q_L^2}$$

$$=\frac{3[2m(q_L\beta+q_H\beta-q_H)+\lambda(q_H^2-q_L^2)(\bar{p}-\underline{p})]}{q_H^2-q_L^2}$$

当 $q_H > \frac{\beta q_L}{1-\beta}$ 且 $m > \frac{\lambda(q_H^2-q_L^2)(\bar{p}-\underline{p})}{2(q_H-q_H\beta-q_L\beta)}$ 时，此时，网上交易市场中价格离散现象消失，但低保留价格买家仍然进行搜寻。

又因为：

$$\frac{[2m(q_L+q_L\beta+q_H\beta-2q_H)+\lambda(q_H^2-q_L^2)(\bar{p}-\underline{p})+(q_H^2-q_L^2)(\underline{p}-d)]}{q_H^2-q_L^2}-$$

$$\frac{2m(1-2\beta)-2\lambda(q_H-q_L)(\bar{p}-\underline{p})+(q_H-q_L)(3\bar{p}-2\underline{p}-d)}{q_H-q_L}$$

$$=\frac{3[2m(q_L\beta+q_H\beta-q_H)-(1-\lambda)(q_H^2-q_L^2)(\bar{p}-\underline{p})]}{q_H^2-q_L^2}$$

当 $q_H > \frac{\beta q_L}{1-\beta}$ 时,此时网上交易市场中价格离散现象消失,但高保留价格买家仍然进行搜寻;

或当 $q_H < \frac{\beta q_L}{1-\beta}$ 且 $m < \frac{(1-\lambda)(q_H^2-q_L^2)(\bar{p}-\underline{p})}{2(q_H\beta+q_L\beta-q_H)}$,此时,网上交易市场中价格离散现象消失,但高保留价格买家仍然进行搜寻。

证毕。

该命题解释与命题 5.10 的解释基本一致,唯一不同的是,当买家的保留价格不同时,高保留价格买家的行为与低保留价格买家的行为是存在差异的。具体体现在:对于低保留价格的买家来说,当网上交易市场中两类卖家同时存在,只有当高声誉卖家的比例高于某一临界值时,低保留价格的买家才会进行搜寻;而对高保留价格的买家来说,高声誉卖家的比例高于某一临界值固然进行搜寻,但是即使是高声誉卖家的比例不能满足该临界值的要求,换句话说就是低于该临界值时,只要买家的搜寻效率足够高(但不至于将低声誉卖家驱逐出网上交易市场),高保留价格卖家仍会进行搜寻。

命题 5.16 当不同声誉的卖家同时存在于网上交易市场,且网上交易市场存在价格离散现象,平台对卖家收费时网上交易市场的价格离散程度要比平台不对卖家收费时的价格离散程度降低。

证明:因为 $(p_H^{4*}-p_L^{4*})-(p_H^{1*}-p_L^{1*}) = \frac{-(q_H^2-q_L^2)(e+\mu p_C)}{3q_Hq_L(1-\mu)} < 0$

故平台收费时,网络市场的价格离散程度比平台不收费时要低。

证毕。

如果是垄断平台的话,网络交易平台企业可以根据价格离散程度的高低利用收费手段进行适当的调节,在离散程度过大时可以提高收费水平,离散程度过小时降低收费水平。

二、平台对卖家与买家均收费时的市场均衡分析

与第五章第二节平台对卖家与买家均收费时市场均衡分析这部分关于对买家收费的假设一样,即假设一个网上交易市场中平台的拥有者对买家每次交易收取的费用为 f,且满足 $\bar{p} - p_i - f > d$, $\underline{p} - p_i - f > d$。

当网络平台对买家收费后,买家随机地在卖家中选择交易对象,那么高保留价格与低保留价格的买家的效用分别为:

$$\bar{U} = \beta[q_H(\bar{p}-f-p_H) + (1-q_H)d] + (1-\beta)[q_L(\bar{p}-f-p_L) + (1-q_L)d] \tag{5-24}$$

以及 $\underline{u} = \beta[q_H(\underline{p}-f-p_H) + (1-q_H)d] + (1-\beta)[q_L(\underline{p}-f-p_L) + (1-q_L)d]$ (5-25)

高保留效用买家在高声誉卖家和低声誉卖家定价策略下选择搜寻活动 $\bar{s}$ 来最大化其单期的效用,即:

$$\max_{\bar{s}} \begin{bmatrix} (\beta+\bar{s})[q_H(\bar{p}-f-p_H)+(1-q_H)d] + \\ (1-\beta-\bar{s})[q_L(\bar{p}-f-p_L)+(1-q_L)d] - m\bar{s}^2 \end{bmatrix} \tag{5-26}$$

$$s.t. \quad \bar{s} \geq 0, \beta + \bar{s} \leq 1$$

低保留效用买家在高声誉卖家和低声誉卖家定价策略下选择搜寻活动 $\underline{s}$ 来最大化其单期的效用,即:

$$\max_{\underline{s}} \begin{bmatrix} (\beta+\underline{s})[q_H(\underline{p}-f-p_H)+(1-q_H)d] + \\ (1-\beta-\underline{s})[q_L(\underline{p}-f-p_L)+(1-q_L)d] - m\underline{s}^2 \end{bmatrix} \tag{5-27}$$

$$s.t. \quad \underline{s} \geq 0, \beta + \underline{s} \leq 1$$

高保留效用买家和低保留效用买家的最优搜寻活动分别为:

$$\bar{s} = \frac{q_H(\bar{p}-f-p_H) - (q_H-q_L)d - q_L(\bar{p}-f-p_L)}{2m} \tag{5-28}$$

$$\underline{s} = \frac{q_H(\underline{p}-f-p_H) - (q_H-q_L)d - q_L(\underline{p}-f-p_L)}{2m} \tag{5-29}$$

将式（5-28）、式（5-29）代入式（5-14）和式（5-15），分别可得 q_H 类型单个卖家和 q_L 类型单个卖家的价格水平：

$$p_H^{5*} = \frac{\begin{bmatrix} 2m(1+\beta)(1-\mu) + \\ \lambda(q_H-q_L)(\bar{p}-\underline{p})(1-\mu) \end{bmatrix} + \begin{bmatrix} (q_H-q_L)(\underline{p}-f-d)(1-\mu) \\ +(2q_H+q_L)C \end{bmatrix}}{3q_H(1-\mu)}$$

(5-30)

$$p_L^{5*} = \frac{\begin{bmatrix} 2m(2-\beta)(1-\mu) - \\ \lambda(q_H-q_L)(\bar{p}-\underline{p})(1-\mu) \end{bmatrix} - \begin{bmatrix} (q_H-q_L)(\underline{p}-f-d)(1-\mu) \\ -(q_H+2q_L)C \end{bmatrix}}{3q_L(1-\mu)}$$

(5-31)

再将式（5-30）、式（5-31）代入式（5-28）和式（5-29）中得：

$$\bar{s}^{3*} = \frac{\begin{bmatrix} 2m(1-2\beta)(1-\mu) - \\ 2\lambda(q_H-q_L)(\bar{p}-\underline{p})(1-\mu) \end{bmatrix} + \begin{bmatrix} (q_H-q_L)(3\bar{p}-2\underline{p}-f-d)(1-\mu) \\ -(q_H-q_L)C \end{bmatrix}}{6m(1-\mu)}$$

(5-32)

$$\underline{s}^{3*} = \frac{\begin{bmatrix} 2m(1-2\beta)(1-\mu) - \\ 2\lambda(q_H-q_L)(\bar{p}-\underline{p})(1-\mu) \end{bmatrix} + \begin{bmatrix} (q_H-q_L)(\underline{p}-f-d)(1-\mu) \\ -(q_H-q_L)C \end{bmatrix}}{6m(1-\mu)}$$

(5-33)

命题 5.17 网络平台对买家的收费将导致低保留价格的买家与高保留价格的卖家搜寻活动减少，且两类买家减少的搜寻活动幅度相同。

证明：因为 $\bar{s}^{3*} - \bar{s}^{2*} = \underline{s}^{3*} - \underline{s}^{2*} = \dfrac{-f(q_H-q_L)}{6m} < 0$

故高保留价格的买家与低保留价格买家的搜寻活动在平台对买家进行收费后都相应地减少了，并且减少的幅度相同。

这是因为当平台对买家收费时，相当于买家的保留价格均降低了相同幅度，从而留给买家进行搜寻的空间减少了，故买家搜寻的动机降低了。

买家搜寻活动效率的高低将直接影响高声誉卖家与低声誉卖家在网上交易市场中的市场地位，从而影响市场结构。由此得到以下命题：

命题 5.18 （1）当买家搜寻活动的效率较低，即：

$$m \geq \frac{\lambda(q_H-q_L)(\bar{p}-\underline{p})(1-\mu)+(q_H-q_L)(\underline{p}-f-d)(1-\mu)-(q_H-q_L)C}{2(2-\beta)(1-\mu)}$$

此时，高声誉卖家和低声誉卖家同时存在于网上交易市场。

（2）当买家搜寻活动的效率较高，即：

$$m < \frac{\lambda(q_H-q_L)(\bar{p}-\underline{p})(1-\mu)+(q_H-q_L)(\underline{p}-f-d)(1-\mu)-(q_H-q_L)C}{2(2-\beta)(1-\mu)}$$

此时，低声誉卖家被驱逐出网上交易市场。

证明：（1）当 $m \geq \dfrac{\begin{bmatrix}\lambda(q_H-q_L)(\bar{p}-\underline{p})(1-\mu)+\\(q_H-q_L)(\underline{p}-f-d)(1-\mu)-(q_H-q_L)C\end{bmatrix}}{2(2-\beta)(1-\mu)}$ 时，若 $\beta+\bar{s}\leq 1$，$\beta+\underline{s}\leq 1$ 并且 $\beta+\lambda\bar{s}+(1-\lambda)\underline{s}\leq 1$，此时，由式（5-18）可以看出，约束条件 $(1-\mu)p_L^{5*}-C=\dfrac{\begin{bmatrix}2m(2-\beta)(1-\mu)-\\\lambda(q_H-q_L)(\bar{p}-\underline{p}) (1-\mu)\end{bmatrix}-\begin{bmatrix}(q_H-q_L)(\underline{p}-f-d)(1-\mu)\\-(q_H-q_L)C\end{bmatrix}}{3q_L} \geq 0$

为松弛约束，从而 $(1-\mu)p_H^{5*}-C\geq 0$ 也为松弛约束，所以上述解均为最优解。低声誉卖家制定的价格高于成本，因此较低的搜寻效率使得高声誉卖家和低声誉卖家同时存在于网上交易市场。

（2）当 $m < \dfrac{\lambda(q_H-q_L)(\bar{p}-\underline{p})(1-\mu)+(q_H-q_L)(\underline{p}-f-d)(1-\mu)-(q_H-q_L)C}{2(2-\beta)(1-\mu)}$

时，$\beta+\bar{s}\leq 1$、$\beta+\underline{s}\leq 1$、$\beta+\lambda\bar{s}+(1-\lambda)\underline{s}\leq 1$ 和 $(1-\mu)p_L^{5*}-C\geq 0$ 都为紧约束，故 $\lambda\bar{s}+(1-\lambda)\underline{s}=1-\beta$，$p_L=\dfrac{C}{1-\mu}$，求得 $p_H=\dfrac{2m}{q_H}+\dfrac{C}{1-\mu}$。此时只要高声誉卖家将价格定在略低于 p_H 的水平上，买家的搜寻活动就会使得低声誉卖家无利可图，从而退出网上交易市场。

证毕。

推论 5.9 随着网络平台选择对买家收费的不断升高,低声誉卖家的生存空间不断增加。

平台对买家收费的提高会进一步压缩买家可用于进行搜寻的成本,通过前文分析发现,买家搜寻活动将会减少,这样对于低声誉卖家来说利用信息的非对称性更容易在网络市场中生存。

命题 5.19 当不同声誉水平的卖家同时存在于网上交易市场,若:

$$\beta > \max\left\{0, \frac{\begin{bmatrix}2m(2q_H - q_L)(1-\mu) + (q_H^2 - q_L^2)C - \\ (q_H^2 - q_L^2)(\underline{p} - f - d)(1-\mu) - \lambda(q_H^2 - q_L^2)(\overline{p} - \underline{p})(1-\mu)\end{bmatrix}}{2m(q_H + q_L)(1-\mu)}\right\},$$

则市场均衡时,高声誉卖家提供的产品价格较高,低声誉卖家提供的产品价格较低,网上市场中存在价格离散现象。

证明:当不同声誉的卖家同时存在于网上交易市场,由于:

$$p_H^{5*} - p_L^{5*} = \frac{\begin{bmatrix}2m(q_L + q_L\beta + q_H\beta - 2q_H)(1-\mu) \\ + \lambda(q_H^2 - q_L^2)(\overline{p} - \underline{p})(1-\mu)\end{bmatrix} + \begin{bmatrix}(q_H^2 - q_L^2)(\underline{p} - f - d)(1-\mu) \\ - (q_H^2 - q_L^2)C\end{bmatrix}}{3q_H q_L (1-\mu)}$$

当 $\beta > \max\left\{0, \frac{\begin{bmatrix}2m(2q_H - q_L)(1-\mu) + (q_H^2 - q_L^2)C - \\ (q_H^2 - q_L^2)(\underline{p} - f - d)(1-\mu) - \lambda(q_H^2 - q_L^2)(\overline{p} - \underline{p})(1-\mu)\end{bmatrix}}{2m(q_H + q_L)(1-\mu)}\right\}$ 时,

可以验证在此时 $p_H^{5*} - p_L^{5*} > 0$。

因此,q_H 和 q_L 两种类型的卖家同时存在于网上交易市场,高声誉卖家制定较高的价格,获得较高的利润,低声誉卖家制定较低的价格,获得较低的利润,网上交易市场存在价格离散现象。

证毕。

命题 5.20 当不同声誉水平的卖家同时存在于网上交易市场,网络交易平台对买家收费后,使得市场均衡时,高声誉卖家商品的定价降低,而低声誉

卖家的定价却提高了。

证明：由于 $p_H^{5*} - p_H^{4*} = \dfrac{-f(q_H - q_L)}{3q_H} < 0$ 且 $p_L^{5*} - p_L^{4*} = \dfrac{f(q_H - q_L)}{3q_L} > 0$

故高声誉卖家价格下降，低声誉卖家价格提高。

由命题 5.19 及其证明显然可以得出下面的推论：

推论 5.10 网络平台对买家收费将导致网上交易市场的价格离散程度进一步降低。

三、算例分析

1. 平台只对卖家收费

为了说明平台收费对搜寻活动及价格离散的影响，这里需要对其他参数赋值。假定不同声誉的卖家同时存在于网上交易市场，高声誉卖家选择合作的概率必定高于低声誉卖家选择合作的概率，不妨假定 $q_H = 0.9$，$q_L = 0.7$，并假定高声誉卖家所占的比例为 $\beta = 0.7$。卖家登录商品的成本 $p_C = 0.4$。平台对买家收取的接入费的保留价格为 $p_R = 10$，买家搜寻效率为 $m = 0.8$，卖家选择欺骗时买家获得的效用 $d = 0.5$。由于买家类型有两种，因此，假定每类买家所占的比例相同 $\lambda = 0.5$。则通过 MATLAB 软件进行仿真分析，可以看出价格离散随着平台对卖家收费趋势，如图 5-3 所示。

从图 5-3 显然可知，当平台对卖家收取的陈列费固定时，随着平台对卖家收取交易提成比例的增加，网上交易市场均衡时，价格离散逐渐降低；而当平台对卖家收取的交易提成比例固定时，随着平台对卖家收取的陈列费的增加，价格离散也逐渐降低。

2. 网络平台对卖家和买家均收费

这里仍然沿用上一节中关于固定陈列费的参数值设定，即 $e = 0.05$。从而可得价格离散与买家收费和交易提成费率变化趋势，如图 5-4 所示。

从图 5-4 可知，随着网络平台对买家收费金额的提高，网上交易市场均衡时，价格离散不断降低。

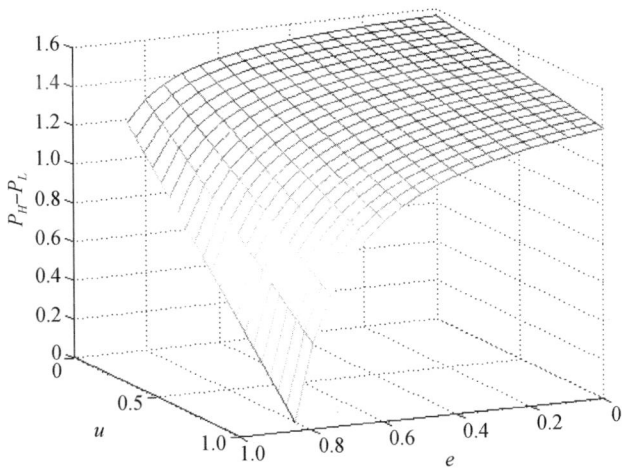

图 5-3　平台对卖家收费时的价格离散趋势

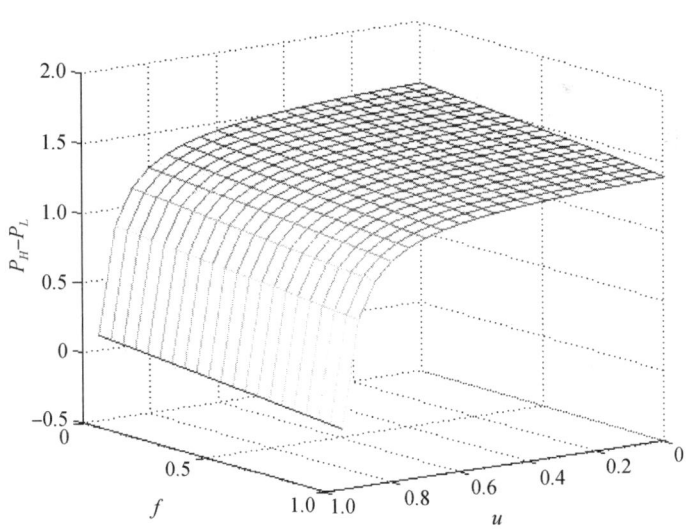

图 5-4　平台对买家收费时的价格离散趋势

综上可知，无论是平台对卖家收费还是对买家和买家都收费，网络市场均衡时，价格离散程度降低，随着收费的增加最终可导致价格离散现象消失。因此作为网络平台的拥有者，可以通过收费等手段对网上交易的价格离散程度加以干预：当离散程度比较大，不利于低声誉买家生存或者不利于市场良好运行时，平台拥有者可以提高对卖家或者买家的收费标准，以降低价格离散程度；反之，平台拥有者可降低对卖家或者买家的收费标准，提高价格离散的程度。无论平台收费是提高还是降低，都要以提供良好的市场交易环境为前提，不断促进网络市场良好、规范、向上发展。

第四节 小结

以往的研究文献认为搜寻成本的存在导致传统市场存在价格离散现象，而这一理论同样适用于网上交易市场。但是本章基于搜寻理论，探讨了网上交易平台对卖家和买家进行收费时，其对均衡价格水平和离散程度的影响。研究还发现，网上交易市场的交易平台无论对卖家还是买家进行收费，都会导致买家的搜寻活动减少。这是因为当平台对买家收费时，相当于买家的保留价格降低了；当平台对卖家进行收费时，卖家为了转嫁这部分成本，将会提高产品的标价，进而买家保留价格与卖家产品标价之间的差距缩小，使得买家可用于支付搜寻成本的费用减少，但是不同的收费情况对卖家的定价策略的影响是不同的。当交易平台仅对卖家收费时，两类卖家均提高定价，而随着收费金额的提高，网上交易市场中价格离散程度降低；当交易平台对卖家和买家同时收费时，高声誉卖家的定价降低，低声誉卖家的定价提高，市场均衡时，价格离散程度进一步降低，甚至消失。

这里给市场的管理者提供了一点启示：为了增加（或降低）价格离散程度对市场的影响，管理者可以利用减少（或增加）对市场参与者（卖家和买家）的收费来达到这一目标。即当价格离散程度过高时，可提高对卖家或买家的收费标准，进而降低市场中的价格离散程度；反之，当价格离散程度比较低时，可降低对卖家或买家的收费标准，使得市场均衡时价格离散程度提高。

至此可以看出一个市场的正常有序运行是市场机制与宏观调控有机结合的结果；除此之外，更重要的发现是搜寻成本并不是导致网上交易市场价格离散存在的根本原因，即使买家的搜寻效率足够高，即搜寻成本为零，网上交易市场中的价格离散现象也仍然会存在。

第六章 搜寻效率对网上交易市场价格离散的影响

本章从买家搜寻效率存在差异的角度来分析和研究网上交易市场中的价格离散问题,并建立了两个不同的模型,分别是买家保留价格相同而搜寻效率不同的模型,以及买家保留价格不同且搜寻效率也不同的模型。通过这两个模型,这里分析了搜寻效率对买家搜寻活动、对卖家定价的影响,最终引入到其对价格离散程度的影响问题上来。

第一节 引言

随着科学技术的发展,各种新兴的高科技产品随之产生,电脑的出现大大节约了劳动力,方便了大家的工作学习,然而这些只是给人们提供便利的几个方面,其中网络技术的产生极大地改变了人们的日常生活,如交流、通信、沟通、查资料、看视频、网络社区、博客等,在如此多的功能中,以网络市场的诞生最为令人震惊,因为它改变了人们以往的交易模式,消费者只需要坐在电脑前,点击所需要购买的产品,在网上支付,坐在家里就能等着产品送货上门,并且以往传统的交易模式受到时间和空间的限制,如在上海想购买只有北京才有的商品，要到北京的实体店才能拿到该商品，而且在一天中只有营业时间才能购买。然而网络市场不受时空的限制，不但可以购买国内各个地方的产品，而且可以购买海外的产品，并且一天24小时，任何时间都可以购买该产品。

网络具有高效率的特点，很多传统市场中所具有的特征，在网络市场中消失或者弱化。因此从网络特征入手去发掘和研究相关问题具有一定的理论与现实价值。

以淘宝网为例，2017年末淘宝店铺的数量超过970万个，而且该数字仍然在增长。截至2018年5月中旬，店铺数量已经高达1049万个，这些网店登录的商品数量就高达数十亿件。然而，对于买家来说，从众多的卖家及商品当中选择自己比较满意的商品是非常困难的，于是网上交易市场建立了相关的搜寻引擎，买家只需要输入相关产品的名称及其特征等信息，搜寻引擎即可将搜寻结果呈现在买家面前。然而即使有搜寻引擎的存在，仍然需要买家进行一定的筛选。搜寻理论认为，消费者对市场上信息的搜寻是具有成本的，既包括时间成本，也包括运输成本等。这些成本的存在导致消费者在进行搜寻时面临"继续搜寻"还是"停止搜寻"，在什么情况下继续搜寻，在什么情况下停止搜寻等问题。Armstrong和Zhou（2010）研究了卖家在可部分观察买家搜寻行为的情况下的定价问题，研究发现：卖家对第一次光顾的买家收取较低的价格，而对于回头客提供较高的价格。Armstrong，Vickers和Zhou（2009）考虑了买家对产品的价格和产品的匹配度两者同时搜寻的理论模型，通过该理论模型研究发现：买家通常都选择一个"参照卖家"（Prominent Firm），后面搜寻到的卖家都与该卖家进行对比，在市场均衡时，参照卖家的定价较低，而其他卖家的定价较高。同时发现，按照搜寻到卖家的次序倒序来看，凡是买家搜寻过的卖家，然后买家再回头与其交易，说明通过买家的搜寻对比，该卖家具有一定的市场竞争力，因此此类卖家可以提供产品的定价。其他的研究认为，随着搜寻活动的增加，搜寻所带来的边际收益递减，当搜寻活动带来的边际收益等于搜寻的边际成本时，消费者停止搜寻。这就导致了问题的产生，即买家的搜寻效率是存在差异的。对于一部分买家来说，通过多次购买或者通过其他途径的学习，对网络购物富有经验。以往的购买行为可以为下一次类似的购买行为提供一些知识和经验，如区分产品的质量、评估产品的性价比、获取卖家服务水平与售后服务质量等方面内容，这些都为此类买家搜寻活动提供了正面积极的促进作用，使得买家在网络交易中的搜寻效率大大提高，进而可以节约搜寻花费的成本。但是对于另一部分买家来说，由于网络购物是一个全新的交易领域，对于网络的操作、搜索引擎的使用、卖家的区分等方面缺乏经验与知识，导致交易效率的低下，尤其是搜寻效率的低下。这类买家相比有经验的买家来说在搜寻效率、搜寻成本方面处于劣势。

有关搜寻效率方面的研究并不少见，但将搜寻效率引入到价格离散问题中的文献目前还未有所见，因此本章将通过对搜寻效率的研究来分析该因素对买家搜寻行为的影响，继而对卖家定价策略及网上交易市场中价格离散程度的影响。

第二节　保留价格相同时搜寻效率对价格离散的影响

一、基本假设

对于一部分买家来说，通过多次购买或者通过其他途径的学习，对网络购物富有经验。以往的购买行为可以为下一次类似的购买行为提供一些知识和经验，如区分产品的质量、评估产品的性价比、获取卖家服务水平与售后服务质量等方面的内容，这些都为此类买家搜寻活动提供了正面积极的促进作用，使得买家在网络交易中的搜寻效率大大提高，进而可以节约搜寻花费的成本。但是对于另一部分买家来说，由于网络购物是一个全新的交易领域，对于网络的操作、搜索引擎的使用、卖家的区分等方面缺乏经验与知识,导致交易效率的低下,尤其是搜寻效率的低下。这类买家相比有经验的买家来说在搜寻效率,搜寻成本方面处于劣势。一般来说,不同买家类型及其群体对卖家的定价产生的影响是不同的,如价格歧视现象的产生,同样在网络经济中,不同类型的买家对于高声誉与低声誉卖家来说,在制定商品价格方面的影响也是不同的,很多卖家正是利用了买家搜寻效率的差异来获取交易中的利润。不妨假设 W 个买家中有 γ 比例的买家搜寻效率较高,记为 m_1,剩下 $(1-\gamma)$ 比例的买家搜寻效率较低,记为 m_2,且 $0 < m_1 < m_2 \leq 1$。

如果买家随机地在卖家中选择交易对象,那么买家的效用为:

$$U = \beta[q_H(p_R - p_H) + (1-q_H)d] + (1-\beta)[q_L(p_R - p_L) + (1-q_L)d]$$

但是,当买家的交易对象为 q_L 类型的卖家时,他可以付出 s 的搜寻活动,将其发现 q_H 类型的卖家的概率从 β 提高到 $\beta + s$,发现 q_L 类型卖家的概率从 $1-\beta$ 降到 $1-\beta-s$。投入 s 的搜寻活动会给买家带来 ms^2 的搜寻成本,m 表示搜寻活动的效率,m 越大,搜寻活动的效率就越低。

二、市场均衡分析

对于 q_H 类型的某一卖家来说,在其他卖家价格既定的情况下降低价格会增加买家的搜寻活动,增加了买家选择高声誉卖家的概率。但是,卖家降价的同时也将损失部分利润。这样,q_H 类型单个卖家的最优化问题为:

$$\max_{p_H} \frac{\beta + \gamma s_1 + (1-\gamma)s_2}{\beta N}(p_H - p_C) \tag{6-1}$$

$$s.t. \quad p_H - p_C \geq 0$$

其中,s_1、s_2 分别是搜寻效率高的卖家与搜寻效率低的买家所付出的搜寻活动。

同理,q_L 类型单个卖家的最优化问题为:

$$\max_{p_L} \frac{1-\beta-[\gamma s_1 + (1-\gamma)s_2]}{(1-\beta)N}(p_l - p_C) \tag{6-2}$$

$$s.t. \quad p_L - p_C \geq 0$$

搜寻效率高的买家在高声誉卖家和低声誉卖家定价策略下选择搜寻活动 s_1 来最大化其单期的效用，即：

$$\max_{s_1} \left\{ \begin{array}{l} (\beta + s_1)[q_H(p_R - p_H) + (1 - q_H)d] + \\ (1 - \beta - s_1)[q_L(p_R - p_L) + (1 - q_L)d] - m_1 s_1^2 \end{array} \right\} \quad (6-3)$$

$$s.t. \quad s_1 \geq 0, \beta + s_1 \leq 1$$

搜寻效率低的买家在高声誉卖家和低声誉卖家定价策略下选择搜寻活动 s_2 来最大化其单期的效用，即：

$$\max_{s_2} \left\{ \begin{array}{l} (\beta + s_2)[q_H(p_R - p_H) + (1 - q_H)d] + \\ (1 - \beta - s_2)[q_L(p_R - p_L) + (1 - q_L)d] - m_2 s_2^2 \end{array} \right\} \quad (6-4)$$

$$s.t. \quad s_2 \geq 0, \beta + s_2 \leq 1$$

搜寻效率高的买家和搜寻效率低的买家的最优搜寻活动分别为：

$$s_1 = \frac{q_H(p_R - p_H) - (q_H - q_L)d - q_L(p_R - p_L)}{2m_1} \quad (6-5)$$

$$s_2 = \frac{q_H(p_R - p_H) - (q_H - q_L)d - q_L(p_R - p_L)}{2m_2} \quad (6-6)$$

将式（6-5）、式（6-6）代入式（6-1）和式（6-2），分别可得 q_H 类型单个卖家和 q_L 类型单个卖家的价格水平：

$$p_H^{6*} = \frac{2m_1 m_2(1+\beta) + [m_1(1-\gamma) + m_2\gamma](q_H - q_L)(p_R - p_C - d)}{3q_H[m_1(1-\gamma) + m_2\gamma]} + p_C$$

$$(6-7)$$

$$p_L^{6*} = \frac{2m_1 m_2(2-\beta) - [m_1(1-\gamma) + m_2\gamma](q_H - q_L)(p_R - p_C - d)}{3q_L[m_1(1-\gamma) + m_2\gamma]} + p_C$$

$$(6-8)$$

再将式（6-7）、式（6-8）代入式（6-5）和式（6-6）中得：

$$s_1^{1*} = \frac{2m_1 m_2(1-2\beta) + [m_1(1-\gamma) + m_2\gamma](q_H - q_L)(p_R + 5p_C - d)}{6m_1[m_1(1-\gamma) + m_2\gamma]} \quad (6-9)$$

$$s_2^{1*} = \frac{2m_1m_2(1-2\beta) + [m_1(1-\gamma) + m_2\gamma](q_H - q_L)(p_R + 5p_C - d)}{6m_2[m_1(1-\gamma) + m_2\gamma]} \quad (6-10)$$

由式（6-9）和式（6-10）两式显然可得：

命题6.1 搜寻效率高的买家比搜寻效率低的买家进行更多的搜寻活动，花费的搜寻成本也较多。

证明：因为由式（6-9）与式（6-10）可知 $\frac{s_1^{1*}}{s_2^{1*}} = \frac{m_2}{m_1} > 1$

故搜寻效率高的买家比搜寻效率低的买家付出更多的搜寻活动。

又因为 $\frac{m_1(s_1^{1*})^2}{m_2(s_2^{1*})^2} = \frac{m_2}{m_1} > 1$

故搜寻效率高的买家比搜寻效率低的买家付出更多的搜寻成本。

证毕。

此命题说明：当买家的搜寻效率较高时，在与搜寻效率较低的买家搜寻到高声誉卖家概率提高相同幅度的情况下，付出更少的搜寻成本，因此搜寻效率高的买家会增加搜寻活动，以期望搜寻到高声誉卖家，从而进行交易。搜寻效率高的买家进行搜寻更容易，因此投入的搜寻活动更多，继而导致付出的搜寻成本也较多。

令 $\eta = \frac{m_1 m_2}{m_1(1-\gamma) + m_2\gamma}$ 表示不同搜寻效率买家之间搜寻效率的关系。

引理6.1 η 分别是 m_1 与 m_2 的单调增函数，即 η 衡量了网上交易市场中买家搜寻效率的高低变化。

证明：因为 $\eta = \frac{m_1 m_2}{m_1(1-\gamma) + m_2\gamma}$

所以 $\frac{\partial \eta}{\partial m_1} = \frac{m_2^2 \gamma}{[m_1(1-\gamma) + m_2\gamma]^2} > 0$

$\frac{\partial \eta}{\partial m_2} = \frac{m_1^2(1-\gamma)}{[m_1(1-\gamma) + m_2\gamma]^2} > 0$

故 η 分别是 m_1 与 m_2 的单调增函数。

证毕。

η 越大表示搜寻效率越低,越小表示搜寻效率越高。

由引理 6.1 可得:

命题 6.2 (1) 当买家的搜寻活动效率较低,即 $\eta \geqslant \dfrac{(q_H - q_L)(p_R - p_C - d)}{2(2 - \beta)}$ 时,高声誉卖家和低声誉卖家同时存在于网上交易市场。

(2) 而当买家搜寻活动的效率较高,即 $\eta < \dfrac{(q_H - q_L)(p_R - p_C - d)}{2(2 - \beta)}$ 时,低声誉卖家被驱逐出网上交易市场。

证明:(1) 当 $\eta \geqslant \dfrac{(q_H - q_L)(p_R - p_C - d)}{2(2 - \beta)}$ 时,若 $\beta + s_1 \leqslant 1$,$\beta + s_2 \leqslant 1$ 且 $\beta + \gamma s_1 + (1 - \gamma) s_2 \leqslant 1$,此时,由式 (6-8) 可以看出,约束条件

$$p_L^{6*} - p_C = \frac{2 m_1 m_2 (2 - \beta) - [m_1(1 - \gamma) + m_2 \gamma](q_H - q_L)(p_R - p_C - d)}{3 q_L [m_1 (1 - \gamma) + m_2 \gamma]} \geqslant 0$$ 为

松弛约束;从而 $p_H^{6*} - p_C \geqslant 0$ 也为松弛约束,所以上述解均为最优解。低声誉卖家制定的价格高于成本,因此,高声誉卖家和低声誉卖家同时存在于网上交易市场。

(2) 而当 $\eta < \dfrac{(q_H - q_L)(p_R - p_C - d)}{2(2 - \beta)}$ 时,若 $\beta + s_1 \leqslant 1$,$\beta + s_2 \leqslant 1$ 且 $\beta + \gamma s_1 + (1 - \gamma) s_2 \leqslant 1$,此时,由式 (6-8) 可以看出,约束条件 $p_L^{6*} - p_C$ 都为紧约束,故 $\gamma s_1^{1*} + (1 - \gamma) s_2^{1*} = 1 - \beta$,$p_L^{6*} = p_C$,求得 $p_H^{6*} = \dfrac{2 m_1 m_2}{q_H [m_1 (1 - \gamma) + m_2 \gamma]} + p_C$。此时只要高声誉卖家将价格定在略低于 p_H^{6*} 的水平上,买家的搜寻活动就会使得低声誉卖家无利可图,从而退出网上交易市场。

证毕。

此命题说明:低声誉卖家能否存在于网上交易市场取决于不同搜寻效率买家搜寻效率的高低,当买家搜寻活动的效率较高时,买家就会付出较多的搜寻活动,发现高声誉卖家的概率也增大,q_L 类型的卖家不得不将其价格降低至较低的水平,最终导致其产品价格低于成本,低声誉卖家被驱逐出网上交易

市场。

由命题 6.2 知道，买家效率的高低能够影响市场结构，倘若市场结构不变，买家效率的变化将会如何影响卖家的定价策略呢？为了回答这个问题，这里得到如下命题：

命题 6.3 当不同声誉的卖家同时存在于网上交易市场，当市场均衡时，卖家的定价随着买家搜寻效率的提高而降低。

证明：由式（6-7）与式（6-8）可得：

$$\frac{\partial p_H^{6*}}{\partial m_1} = \frac{2m_2^2 \gamma (1+\beta)}{3q_H [m_1(1-\gamma) + m_2\gamma]^2} > 0$$

$$\frac{\partial p_H^{6*}}{\partial m_2} = \frac{2m_1^2 (1-\gamma)(1+\beta)}{3q_H [m_1(1-\gamma) + m_2\gamma]^2} > 0$$

$$\frac{\partial p_L^{6*}}{\partial m_1} = \frac{2m_2^2 \gamma (2-\beta)}{3q_L [m_1(1-\gamma) + m_2\gamma]^2} > 0$$

$$\frac{\partial p_L^{6*}}{\partial m_2} = \frac{2m_1^2 (1-\gamma)(2-\beta)}{3q_L [m_1(1-\gamma) + m_2\gamma]^2} > 0$$

所以卖家的定价随着买家效率的升高而降低。

由于买家搜寻效率的升高，买家在进行相同搜寻活动的情况下所花费的成本减少，进而买家可以付出更多的搜寻活动，这导致市场上信息的不完全程度降低，而市场上信息不完全程度越高，卖家可制定高价的可能性就越大，这对卖家是有利的，反之卖家只能降低定价。

交易市场上高声誉卖家与低声誉卖家所占的比例也会对买家的搜寻活动产生影响。例如，倘若买家知道淘宝网上销售某类产品的卖家有 1 万家，但是高声誉卖家只有 5 家，在这种情况下，如果买家的搜寻活动效率很低，也就是说单次搜寻所需要花费的成本较高，买家即使进行了一次搜寻或几次搜寻，能够选择到高声誉卖家的概率也是比较低的，因此买家的搜寻动机就比较低，付出的搜寻活动也比较少。而如果买家的搜寻效率很高，在搜寻的过程中花费的成本比较少，那么即使高声誉卖家的数量比较少，但是买家还是愿意进行搜寻的尝试。

令高声誉卖家所占比例分别为 $\beta_1 = \frac{1}{2} + \frac{[m_1(1-\gamma) + m_2\gamma]^2 (q_H - q_L)(p_R + 5p_C - d)}{4m_1^2 m_2 (1-\gamma)}$,

$\beta_2 = \frac{1}{2} + \frac{[m_1(1-\gamma) + m_2\gamma]^2 (q_H - q_L)(p_R + 5p_C - d)}{4m_1 m_2^2 \gamma}$, 则可得命题:

命题 6.4 (1) 若 $\frac{m_1}{m_2} < \frac{\gamma}{1-\gamma}$, 则当高声誉卖家所占比例满足 $0 < \beta < \beta_2$ 时, 随着买家搜寻效率的提高 (即 m_1、m_2 变小), 买家的搜寻活动增加 (即 s_1、s_2 变大); 当 $\beta_2 < \beta < \beta_1$ 时, 搜寻效率相对较高的买家 (即搜寻效率为 m_1) 其付出的搜寻活动 s_1 随着搜寻效率的提高 (即 m_1 变小) 而增加, 但搜寻效率相对较低的买家 (即搜寻效率为 m_2) 其付出的搜寻活动 s_2 随着搜寻效率的提高 (即 m_2 变小) 而减少; 当 $\beta_1 < \beta < 1$ 时, 随着买家搜寻效率的提高 (即 m_1、m_2 变小), 买家的搜寻活动减少 (即 s_1、s_2 变小)。

(2) 若 $\frac{m_1}{m_2} = \frac{\gamma}{1-\gamma}$, 则当高声誉卖家所占的比例满足 $0 < \beta < \beta_1 = \beta_2$ 时, 随着买家搜寻效率的提高, 买家的搜寻活动增加; 当 $\beta_1 = \beta_2 < \beta < 1$ 时, 随着买家搜寻效率的提高, 买家的搜寻活动减少。

(3) 若 $\frac{m_1}{m_2} > \frac{\gamma}{1-\gamma}$, 则当高声誉卖家所占的比例满足 $0 < \beta < \beta_1$ 时, 随着买家搜寻效率的提高, 买家的搜寻活动增加; 当 $\beta_1 < \beta < \beta_2$ 时, 搜寻效率相对较高的买家付出的搜寻活动 s_1 随着搜寻效率的提高而减少, 但搜寻效率相对较低的买家付出的搜寻活动 s_2 随着搜寻效率的提高而增加; 当 $\beta_2 < \beta < 1$ 时, 随着买家搜寻效率的提高, 买家的搜寻活动减少。

证明: 由式 (6-9) 与式 (6-10) 可知:

$$\frac{\partial s_1^{1*}}{\partial m_1} = -\frac{2m_1^2 m_2 (1-2\beta)(1-\gamma) + [m_1(1-\gamma) + m_2\gamma]^2 (q_H - q_L)(p_R + 5p_C - d)}{6m_1^2 [m_1(1-\gamma) + m_2\gamma]^2}$$

解得当 $0 < \beta < \beta_1$ 时 $\frac{\partial s_1^{1*}}{\partial m_1} < 0$, 当 $\beta_1 < \beta < 1$ 时 $\frac{\partial s_1^{1*}}{\partial m_1} > 0$

同理 $\dfrac{\partial s_2^{1*}}{\partial m_2} = -\dfrac{2m_1 m_2^2(1-2\beta)\gamma + [m_1(1-\gamma)+m_2\gamma]^2(q_H-q_L)(p_R+5p_C-d)}{6m_2^2[m_1(1-\gamma)+m_2\gamma]^2}$

解得当 $0<\beta<\beta_2$ 时 $\dfrac{\partial s_2^{1*}}{\partial m_2}<0$，当 $\beta_2<\beta<1$ 时 $\dfrac{\partial s_2^{1*}}{\partial m_2}>0$

而 $\beta_1-\beta_2 = \dfrac{[m_2\gamma-m_1(1-\gamma)][m_1(1-\gamma)+m_2\gamma]^2(q_H-q_L)(p_R+5p_C-d)}{4m_1^2 m_2^2 \gamma(1-\gamma)}$

当 $\dfrac{m_1}{m_2} \leq \dfrac{\gamma}{1-\gamma}$ 时 $\beta_2 \leq \beta_1$，而当 $\dfrac{m_1}{m_2} > \dfrac{\gamma}{1-\gamma}$ 时 $\beta_1<\beta_2$。

证毕。

此命题说明，不同搜寻效率的买家在高声誉卖家所占比例不同时，随着搜寻效率的提高所采取的搜寻活动多少既有相同又有不同。此处有一个反直观的结果，即当高声誉卖家比例足够大时，买家随着搜寻效率的升高却减少了搜寻活动。其实这并不难理解，当买家知道网上交易市场中高声誉卖家比例很高，此时买家只需付出较少的搜寻活动就可以达到当期效用最大化的目标，因此相比高声誉卖家比例较小时，买家会减少搜寻的投入。

命题 6.5 若不同声誉水平的卖家同时存在于网上交易市场，当高声誉卖家所占的比例满足 $\max\left\{0, \dfrac{2m_1 m_2(2q_H-q_L)-[m_1(1-\gamma)+m_2\gamma](q_H^2-q_L^2)(p_R-p_C-d)}{2m_1 m_2(q_H+q_L)}\right\}$ $<\beta<1$ 时，高声誉卖家提供的产品价格较高，低声誉卖家提供的产品价格较低，网上市场中存在价格离散现象。

证明：由于：

$p_H^{6*} - p_L^{6*} = \dfrac{2m_1 m_2[q_L(1+\beta)-q_H(2-\beta)] + [m_1(1-\gamma)+m_2\gamma](q_H^2-q_L^2)(p_R-p_C-d)}{3q_H q_L[m_1(1-\gamma)+m_2\gamma]}$

可以验证在此时 $p_H^{6*} - p_L^{6*} > 0$。

因此，高声誉卖家制定较高的价格，低声誉卖家制定较低的价格，市场均衡时，网上交易市场存在价格离散现象。

证毕。

由命题 6.3 知道，随着买家搜寻效率的提高，市场均衡时，卖家制定的价格下降,既然都有所下降,那么哪一类卖家降价的幅度更高呢?换句话说,买家搜寻效率的提高对网上交易市场中价格离散程度有什么影响呢?为了回答这个问题,这里得到如下重要命题:

命题6.6 若不同声誉的卖家同时存在于网上交易市场,且网上交易市场存在价格离散现象,则随着买家搜寻效率的提高(即 m_1、m_2 变小),当市场均衡时,网上交易市场价格离散程度减小,反之价格离散程度增大。

证明:由命题6.5的证明得到:

$$p_H^{6*} - p_L^{6*} = \frac{2m_1m_2[q_L(1+\beta)-q_H(2-\beta)]+[m_1(1-\gamma)+m_2\gamma](q_H^2-q_L^2)(p_R-p_C-d)}{3q_Hq_L[m_1(1-\gamma)+m_2\gamma]}$$

故 $$\frac{\partial(p_H^{6*}-p_L^{6*})}{\partial m_1} = \frac{2m_2^2\gamma[q_L(1+\beta)-q_H(2-\beta)]}{3q_Hq_L[m_1(1-\gamma)+m_2\gamma]^2} > 0$$

$$\frac{\partial(p_H^{6*}-p_L^{6*})}{\partial m_2} = \frac{2m_1^2(1-\gamma)[q_L(1+\beta)-q_H(2-\beta)]}{3q_Hq_L[m_1(1-\gamma)+m_2\gamma]^2} > 0$$

所以,随着 m_1,m_2 的减小,$p_H^{6*} - p_L^{6*}$ 减小。

即随着买家搜寻效率的提高,价格离散程度减小。

证毕。

当高声誉卖家的比例在一定的范围内,随着买家搜寻效率的提高,买家进行的搜寻活动也就越多,从而导致网上交易市场中信息的不完全程度降低,两类卖家不得不降低对商品的定价。高声誉卖家可利用声誉制定高价的优势被削弱,低声誉卖家价格下降的幅度要比高声誉卖家价格下降的幅度小,从而导致网上交易市场中价格离散程度减小。在很多情况下,卖家为了能够定高价故意增加买家的搜寻难度,如从商品的名称上制造差异(有过网上购物的买家都曾经历过,原本相同的服装、配饰、工艺品,不同的卖家名称是有差异的,这样买家在搜寻该商品时就变得困难)等方法。

命题6.7 随着搜寻效率高的买家的比例的升高,高声誉卖家与低声誉卖家的产品定价均降低。

证明:由式(6-7)与式(6-8)可得:

$$\frac{dp_H^{6*}}{d\gamma} = \frac{-2m_1m_2(m_2-m_1)(1+\beta)}{3q_H[m_1(1-\gamma)+m_2\gamma]^2} < 0$$

$$\frac{dp_L^{6*}}{d\gamma} = \frac{-2m_1m_2(m_2-m_1)(2-\beta)}{3q_L[m_1(1-\gamma)+m_2\gamma]^2} < 0$$

证毕。

此命题说明，当搜寻效率高的买家增加，使得网上市场中买家的搜寻活动增加，从而提高了买家与高声誉卖家交易的概率，低声誉卖家为了与高声誉卖家竞争，不得不降低产品的定价。对于高声誉卖家来说，由于买家搜寻活动的增加，市场上的信息不完全程度降低，高声誉卖家不但要与低声誉卖家进行竞争，而且要与高声誉卖家进行竞争，因此高声誉卖家也不得不降低定价。

命题 6.8 若网上交易市场存在价格离散现象：

（1）当 $\beta < \frac{2q_H - q_L}{q_H + q_L}$，随着搜寻效率高的买家比例的升高，网上交易市场价格离散程度加剧；

（2）当 $\beta = \frac{2q_H - q_L}{q_H + q_L}$，搜寻效率高的买家比例的变化对网上交易市场价格离散程度无影响；

（3）当 $\beta > \frac{2q_H - q_L}{q_H + q_L}$，随着搜寻效率高的买家比例的升高，网上交易市场价格离散程度降低。

证明：由命题 6.5 的证明可知

$$p_H^{6*} - p_L^{6*} = \frac{2m_1m_2[q_L(1+\beta) - q_H(2-\beta)] + [m_1(1-\gamma)+m_2\gamma](q_H^2-q_L^2)(p_R-p_C-d)}{3q_Hq_L[m_1(1-\gamma)+m_2\gamma]}$$

故 $\frac{d(p_H^{6*} - p_L^{6*})}{d\gamma} = \frac{2m_1m_2(m_2-m_1)[q_H(2-\beta) - q_L(1+\beta)]}{3q_Hq_L[m_1(1-\gamma)+m_2\gamma]^2}$

从而当 $\beta < \frac{2q_H - q_L}{q_H + q_L}$ 时，$\frac{d(p_H^{6*} - p_L^{6*})}{d\gamma} > 0$

当 $\beta < \frac{2q_H - q_L}{q_H + q_L}$ 时，$p_H^{6*} - p_L^{6*} = \frac{(q_H^2 - q_L^2)(p_R - p_C - d)}{3q_Hq_L}$

当 $\beta > \dfrac{2q_H - q_L}{q_H + q_L}$ 时，$\dfrac{d(p_H^{6*} - p_L^{6*})}{d\gamma} < 0$

证毕。

此命题的结论推翻了我们的直观感觉，即搜寻效率高的买家比例越高，网上交易市场均衡时，价格离散程度降低。从命题6.8可知，搜寻效率高的买家的比例γ对价格离散程度的影响还取决于高声誉卖家所占的比例。由命题6.7可知，搜寻效率高的买家的比例的提高会降低卖家的定价，但是当高声誉卖家的比例较低，高声誉卖家之间的竞争不是很激烈，因此导致高声誉卖家降价的幅度比低声誉卖家降价的幅度小，导致市场均衡时价格离散程度加剧。反之，价格离散程度降低。

第三节 保留价格与搜寻效率不同对价格离散的影响

一、基本假设

假设买家有两种类型，高保留价格的买家和低保留价格的买家，两类买家所占的比例分别为 λ 和 $1-\lambda$，商品的保留价格分别为 $\overline{p}$ 和 $\underline{p}$，$(\overline{p} > \underline{p})$ 且 $\overline{p} > p_C$，$\underline{p} > p_C$。同时，在高保留价格买家中有 γ_1 比例的买家搜寻效率较高，记为 m_1，剩下 $(1-\gamma_1)$ 比例的买家搜寻效率较低，记为 m_2。在低保留价格买家中有 γ_2 比例的买家搜寻效率较高，记为 m_1，剩下 $(1-\gamma_2)$ 比例的买家搜寻效率较低，记为 m_2。其中 $0 < m_1 < m_2 \le 1$。

如果卖家选择了合作，买家可以得到 $(\overline{p} - p_j)$ 或者 $(\underline{p} - p_j)$，$j = H, L$ 的效用；如果卖家选择了欺骗，买家可以得到 d 的效用。卖家选择合作时买家得到的效用要大于卖家选择欺骗时买家得到的效用，$\overline{p} - p_j > d$，$\underline{p} - p_j > d$。

如果买家随机地在卖家中选择交易对象，那么高保留价格与低保留价格的买家的效用分别为：

$$\bar{U} = \beta[q_H(\bar{p}-p_H)+(1-q_H)d]+(1-\beta)[q_L(\bar{p}-p_L)+(1-q_L)d]$$

以及 $\underline{U} = \beta[q_H(\underline{p}-p_H)+(1-q_H)d]+(1-\beta)[q_L(\underline{p}-p_L)+(1-q_L)d]$

但是，当买家的交易对象为 q_L 类型的卖家时，他可以付出 s 的搜寻活动，将其发现 q_H 类型的卖家的概率从 β 提高到 $\beta+s$，发现 q_L 类型卖家的概率从 $1-\beta$ 降到 $1-\beta-s$。投入 s 的搜寻活动会给买家带来 ms^2 的搜寻成本，m 表示搜寻活动的效率，m 越大，搜寻活动的效率就越低。

二、市场均衡分析

这里只是分析在某一时刻网上交易市场中的价格离散情况，因此只考虑单期的最优化问题。

对于 q_H 类型的某一卖家来说，在其他卖家价格既定的情况下降低价格会增加买家的搜寻活动，增加了买家选择高声誉卖家的概率，进而增加了选择其的概率。但是，卖家降价的同时也将损失部分利润。这样，q_H 类型单个卖家的最优化问题为：

$$\max_{p_H} \frac{\beta+\lambda[\gamma_1 \bar{s}_1+(1-\gamma_1)\bar{s}_2]+(1-\lambda)[\gamma_2 \underline{s}_1+(1-\gamma_2)\underline{s}_2]}{\beta N}(p_H-p_C) \quad (6-11)$$

$$s.t. \quad p_H-p_C \geq 0$$

其中，$\bar{s}_1$，$\bar{s}_2$，$\underline{s}_1$，$\underline{s}_2$ 分别代表保留价格高搜寻效率高的买家所付出的搜寻活动、保留价格高搜寻效率低的买家所付出的搜寻活动、保留价格低搜寻效率高的买家所付出的搜寻活动和保留价格低搜寻效率低的买家所付出的搜寻活动。

同理，q_L 类型单个卖家的最优化问题为：

$$\max_{p_L} \frac{1-\{\beta+\lambda[\gamma_1 \bar{s}_1+(1-\gamma_1)\bar{s}_2]+(1-\lambda)[\gamma_2 \underline{s}_1+(1-\gamma_2)\underline{s}_2]\}}{(1-\beta)N}(p_L-p_C) \quad (6-12)$$

$$s.t. \quad p_L-p_C \geq 0$$

不同搜寻效率的高保留效用买家在高声誉卖家和低声誉卖家定价策略下选择搜寻活动 $\bar{s}_1$、$\bar{s}_2$ 来最大化其单期的效用，即：

$$\max_{\bar{s}_1} \begin{bmatrix} (\beta+\bar{s}_1)[q_H(\bar{p}-p_H)+(1-q_H)d] + \\ (1-\beta-\bar{s}_1)[q_L(\bar{p}-p_L)+(1-q_L)d] - m\bar{s}_1^2 \end{bmatrix} \quad (6-13)$$

$$s.t. \quad \bar{s}_1 \geq 0, \beta+\bar{s}_1 \leq 1$$

$$\max_{\bar{s}_2} \begin{bmatrix} (\beta+\bar{s}_2)[q_H(\bar{p}-p_H)+(1-q_H)d] + \\ (1-\beta-\bar{s}_2)[q_L(\bar{p}-p_L)+(1-q_L)d] - m\bar{s}_2^2 \end{bmatrix} \quad (6-14)$$

$$s.t. \quad \bar{s}_2 \geq 0, \beta+\bar{s}_2 \leq 1$$

不同搜寻效率的低保留效用买家在高声誉卖家和低声誉卖家定价策略下选择搜寻活动 $\underline{s}_1$、$\underline{s}_2$ 来最大化其单期的效用，即：

$$\max_{\underline{s}_1} \begin{bmatrix} (\beta+\underline{s}_1)[q_H(\underline{p}-p_H)+(1-q_H)d] + \\ (1-\beta-\underline{s}_1)[q_L(\underline{p}-p_L)+(1-q_L)d] - m\underline{s}_1^2 \end{bmatrix} \quad (6-15)$$

$$s.t. \quad \underline{s}_1 \geq 0, \beta+\underline{s}_1 \leq 1$$

$$\max_{\underline{s}_2} \begin{bmatrix} (\beta+\underline{s}_2)[q_H(\underline{p}-p_H)+(1-q_H)d] + \\ (1-\beta-\underline{s}_2)[q_L(\underline{p}-p_L)+(1-q_L)d] - m\underline{s}_2^2 \end{bmatrix} \quad (6-16)$$

$$s.t. \quad \underline{s}_2 \geq 0, \beta+\underline{s}_2 \leq 1$$

不同搜寻效率的高保留效用买家和不同搜寻效率的低保留效用的买家的最优搜寻活动分别为：

$$\bar{s}_1 = \frac{q_H(\bar{p}-p_H)-(q_H-q_L)d-q_L(\bar{p}-p_L)}{2m_1} \quad (6-17)$$

$$\bar{s}_2 = \frac{q_H(\bar{p}-p_H)-(q_H-q_L)d-q_L(\bar{p}-p_L)}{2m_2} \quad (6-18)$$

$$\underline{s}_1 = \frac{q_H(\underline{p}-p_H)-(q_H-q_L)d-q_L(\underline{p}-p_L)}{2m_1} \quad (6-19)$$

$$\underline{s}_2 = \frac{q_H(\underline{p}-p_H)-(q_H-q_L)d-q_L(\underline{p}-p_L)}{2m_2} \quad (6-20)$$

将式 (6-17)、式 (6-18)、式 (6-19)、式 (6-20) 代入式 (6-11) 和式 (6-12)，分别可得 q_H 类型单个卖家和 q_L 类型单个卖家的价格水平：

$$p_H^{7*} = \frac{\begin{bmatrix} 2m_1 m_2(1+\beta) - m(q_H - q_L)(p_C + d) \\ + (q_H - q_L)[\lambda \overline{mp} + (1-\lambda)\underline{mp}] \end{bmatrix}}{3mq_H} + p_C \quad (6-21)$$

$$p_L^{7*} = \frac{\begin{bmatrix} 2m_1 m_2(2-\beta) + m(q_H - q_L)(p_C + d) \\ - (q_H - q_L)[\lambda \overline{mp} + (1-\lambda)\underline{mp}] \end{bmatrix}}{3mq_L} + p_C \quad (6-22)$$

其中，$\overline{m} = (1-\gamma_1)m_1 + \gamma_1 m_2$，称为高保留价格买家搜寻效率加权平均；$\underline{m} = (1-\gamma_2)m_1 + \gamma_2 m_2$，称为低保留价格买家搜寻效率加权平均；$m = \lambda \overline{m} + (1-\lambda)\underline{m}$，称为所有买家搜寻效率加权平均；三者满足关系 $\overline{m} < m < \underline{m}$。

再将式 (6-21)、式 (6-22) 代入式 (6-17)、式 (6-18)、式 (6-19)、式 (6-20) 中得：

$$\overline{s}_1^* = \frac{\begin{bmatrix} 2m_1 m_2(1-2\beta) - 2(q_H - q_L)[\lambda \overline{mp} + (1-\lambda)\underline{mp}] \\ + 3m(q_H - q_L)\overline{p} - m(q_H - q_L)(p_C + d) \end{bmatrix}}{6m_1 m} \quad (6-23)$$

$$\overline{s}_2^* = \frac{\begin{bmatrix} 2m_1 m_2(1-2\beta) - 2(q_H - q_L)[\lambda \overline{mp} + (1-\lambda)\underline{mp}] \\ + 3m(q_H - q_L)\overline{p} - m(q_H - q_L)(p_C + d) \end{bmatrix}}{6m_2 m} \quad (6-24)$$

$$\underline{s}_1^* = \frac{\begin{bmatrix} 2m_1 m_2(1-2\beta) - 2(q_H - q_L)[\lambda \overline{mp} + (1-\lambda)\underline{mp}] \\ + 3m(q_H - q_L)\underline{p} - m(q_H - q_L)(p_C + d) \end{bmatrix}}{6m_1 m} \quad (6-25)$$

$$\underline{s}_2^* = \frac{\begin{bmatrix} 2m_1 m_2(1-2\beta) - 2(q_H - q_L)[\lambda \overline{mp} + (1-\lambda)\underline{mp}] \\ + 3m(q_H - q_L)\underline{p} - m(q_H - q_L)(p_C + d) \end{bmatrix}}{6m_2 m} \quad (6-26)$$

由式 (6-23)、式 (6-24)、式 (6-25) 及式 (6-26) 可知：

命题 6.9 （1）保留价格高且搜寻效率高的买家要比低保留价格的买家付出更多的搜寻活动。

（2）相同保留价格的买家，搜寻效率高的买家要比搜寻效率低的买家付出更多的搜寻活动。

（3）相同搜寻效率的买家，保留价格高的买家要比保留价格低的买家付出更多的搜寻活动。

（4）当 $m_2\underline{p} - m_1\overline{p} > \dfrac{\left[\begin{array}{l}2m_1m_2(2\beta-1)+m(q_H-q_L)(p_C+d)\\+2(q_H-q_L)[\lambda\overline{m}\overline{p}+(1-\lambda)\underline{m}\underline{p}]\end{array}\right](m_2-m_1)}{3m(q_H-q_L)}$ 时，

低保留价格且搜寻效率高的买家要比高保留价格且搜寻效率低的买家付出更多的搜寻活动。

证明： 命题 6.9 中的（1）、（2）、（3）的证明由式（6-23）、式（6-24）、式（6-25）及式（6-26）显然可得。

这里主要来证明（4）：

因为 $\overline{s}_2^* - \underline{s}_1^* = \dfrac{\left[\begin{array}{l}2m_1m_2(1-2\beta)(m_1-m_2)+3m(q_H-q_L)(m_1\overline{p}-m_2\underline{p})\\+m(q_H-q_L)(p_C+d)(m_2-m_1)+2(q_H-q_L)[\lambda\overline{m}\overline{p}+(1-\lambda)\underline{m}\underline{p}](m_2-m_1)\end{array}\right]}{6m_1m_2m}$

故当 $m_2\underline{p} - m_1\overline{p} > \dfrac{\left[\begin{array}{l}2m_1m_2(2\beta-1)+m(q_H-q_L)(p_C+d)\\+2(q_H-q_L)[\lambda\overline{m}\overline{p}+(1-\lambda)\underline{m}\underline{p}]\end{array}\right](m_2-m_1)}{3m(q_H-q_L)}$ 时，

$\overline{s}_2^* - \underline{s}_1^* < 0$。

即低保留价格且搜寻效率高的买家要比高保留价格且搜寻效率低的买家付出更多的搜寻活动。

证毕。

此命题说明保留价格高的买家不一定总比保留价格低的买家付出更多的搜寻活动，这还要取决于搜寻效率已经保留价格之间的大小关系。保留价格高但搜寻效率过低的买家往往付出的搜寻活动比保留价格低但搜寻效率高的买家付出的少。

命题 6.10 （1）若高声誉卖家的比例较低，即：

$$0 < \beta \leq \frac{4m_1m_2 - (q_H - q_L)[\lambda \overline{m}(\overline{p} - p_C - d) + (1-\lambda)\underline{m}(\underline{p} - p_C - d)]}{2m_1m_2}$$

时，高声誉卖家与低声誉卖家同时存在网上交易市场。

（2）若高声誉卖家的比例较高，即：

$$1 > \beta > \frac{4m_1m_2 - (q_H - q_L)[\lambda \overline{m}(\overline{p} - p_C - d) + (1-\lambda)\underline{m}(\underline{p} - p_C - d)]}{2m_1m_2}$$

时，低声誉卖家被逐出网上交易市场。

证明：（1）当 $0 < \beta \leq \dfrac{4m_1m_2 - (q_H - q_L)[\lambda \overline{m}(\overline{p} - p_C - d) + (1-\lambda)\underline{m}(\underline{p} - p_C - d)]}{2m_1m_2}$

时，若 $\beta + \overline{s}_i \leq 1$，$\beta + \underline{s}_i \leq 1 (i=1, 2)$，$\beta + \lambda[\gamma_1 \overline{s}_1 + (1-\gamma_1)\overline{s}_2] + (1-\lambda)[\gamma_2 \underline{s}_1 + (1-\gamma_2)\underline{s}_2] \leq 1$，

此时，由式（6-22）可以看出，约束条件：

$$p_L^{7*} - p_C = \frac{2m_1m_2(2-\beta) - (q_H - q_L)[\lambda \overline{m}(\overline{p} - p_C - d) + (1-\lambda)\underline{m}(\underline{p} - p_C - d)]}{3q_L m} \geq 0$$

为松弛约束，从而 $p_H^{7*} - p_C \geq 0$ 也为松弛约束，所以上述解均为最优解。低声誉卖家制定的价格高于成本，因此，高声誉卖家和低声誉卖家同时存在于网上交易市场。

（2）而当 $1 > \beta > \dfrac{4m_1m_2 - (q_H - q_L)[\lambda \overline{m}(\overline{p} - p_C - d) + (1-\lambda)\underline{m}(\underline{p} - p_C - d)]}{2m_1m_2}$ 时，

$\beta + \overline{s}_i \leq 1$，$\beta + \underline{s}_i \leq 1 (i=1, 2)$，$\beta + \lambda[\gamma_1 \overline{s}_1 + (1-\gamma_1)\overline{s}_2] + (1-\lambda)[\gamma_2 \underline{s}_1 + (1-\gamma_2)\underline{s}_2] \leq 1$，以及由式（6-22）可以看出，约束条件 $p_L^{7*} - p_C$ 都为紧约束。此时只要高声誉卖家将价格定在略低于 p_H^{7*} 的水平上，买家的搜寻活动就会使得低声誉卖家无利可图，从而退出网上交易市场。

证毕。

当不同类型买家的搜寻效率一定时，高声誉卖家所占的比例将会影响到网络交易市场的结构。当高声誉卖家的比例较高，买家搜寻到高声誉卖家的概率变大，低声誉卖家为了与高声誉卖家竞争，不得不降低商品的定价，如果高声誉卖家也采取适当降价的策略，导致低声誉卖家的价格不断降低，直至无利可图，从而退出网上交易市场。

命题 6.11 当不同声誉的卖家同时存在网上交易市场，若高声誉卖家的比例满足条件 $\beta > \max\left\{0, \dfrac{2m_1m_2(2q_H-q_L)-(q_H^2-q_L^2)[\lambda \overline{m}(\overline{p}-p_C-d)+(1-\lambda)\underline{m}(\underline{p}-p_C-d)]}{2m_1m_2(q_H+q_L)}\right\}$ 时，高声誉卖家制定的价格较高，低声誉卖家制定的价格较低，即网上交易市场存在价格离散现象。

证明：由于：

$$p_H^{7*} - p_L^{7*} = \frac{\begin{bmatrix} 2m_1m_2[q_L(1+\beta)-q_H(2-\beta)]+ \\ (q_H^2-q_L^2)[\lambda \overline{m}(\overline{p}-p_C-d)+(1-\lambda)\underline{m}(\underline{p}-p_C-d)] \end{bmatrix}}{3q_Hq_L}$$

可以验证在此时 $p_H^{7*} - p_L^{7*} > 0$。

因此，高声誉卖家制定较高的价格，低声誉卖家制定较低的价格，市场均衡时，网上交易市场存在价格离散现象。

证毕。

由命题 6.11 的证明可得如下推论：

推论 6.1 当不同声誉的卖家同时存在于网上交易市场且网上交易市场存在价格离散现象，随着买家搜寻效率的提高，价格离散程度降低。

命题 6.12 不同类型买家比例的变化将会影响卖家的定价：

（1）当 $\dfrac{\overline{m}}{m_1m_2} > \dfrac{2(1+\beta)}{(1-\lambda)(q_H-q_L)(\overline{p}-\underline{p})}$ 时，随着保留价格高搜寻效率高的买家比例的升高，高声誉卖家的产品定价升高，反之，高声誉卖家的产品定价降低。

（2）随着保留价格低搜寻效率高的买家比例的升高，高声誉卖家的产品

第六章 搜寻效率对网上交易市场价格离散的影响

定价降低。

（3）随着保留价格高搜寻效率高的买家比例的升高，低声誉卖家的产品定价降低。

（4）当 $\dfrac{\bar{m}}{m_1 m_2} > \dfrac{2(2-\beta)}{\lambda(q_H - q_L)(\bar{p} - \underline{p})}$ 时，随着保留价格低搜寻效率高的买家比例的升高，低声誉卖家的产品定价升高，反之，低声誉卖家的产品定价降低。

证明：由于：

$$\frac{\partial p_H^{7*}}{\partial \gamma_1} = \frac{\lambda(m_2 - m_1)[(1-\lambda)\underline{m}(q_H - q_L)(\bar{p} - \underline{p}) - 2m_1 m_2 (1+\beta)]}{3m^2 q_H}$$

所以，当 $\dfrac{\underline{m}}{m_1 m_2} > \dfrac{2(1+\beta)}{(1-\lambda)(q_H - q_L)(\bar{p} - \underline{p})}$ 时，$\dfrac{\partial p_H^{7*}}{\partial \gamma_1} > 0$；

当 $\dfrac{\underline{m}}{m_1 m_2} < \dfrac{2(1+\beta)}{(1-\lambda)(q_H - q_L)(\bar{p} - \underline{p})}$ 时，$\dfrac{\partial p_H^{7*}}{\partial \gamma_1} < 0$；

而 $\dfrac{\partial p_H^{7*}}{\partial \gamma_2} = \dfrac{(1-\lambda)(m_2 - m_1)[\lambda \bar{m}(q_H - q_L)(\underline{p} - \bar{p}) - 2m_1 m_2 (1+\beta)]}{3m^2 q_H} < 0$，

$$\frac{\partial p_L^{7*}}{\partial \gamma_1} = \frac{\lambda(m_2 - m_1)[(1-\lambda)\underline{m}(q_H - q_L)(\underline{p} - \bar{p}) - 2m_1 m_2 (2-\beta)]}{3m^2 q_L} < 0,$$

又因为 $\dfrac{\partial p_L^{7*}}{\partial \gamma_2} = \dfrac{(1-\lambda)(m_2 - m_1)[\lambda \bar{m}(q_H - q_L)(\bar{p} - \underline{p}) - 2m_1 m_2 (2-\beta)]}{3m^2 q_L}$，

所以，当 $\dfrac{\bar{m}}{m_1 m_2} > \dfrac{2(2-\beta)}{\lambda(q_H - q_L)(\bar{p} - \underline{p})}$ 时，$\dfrac{\partial p_L^{7*}}{\partial \gamma_2} > 0$；

当 $\dfrac{\bar{m}}{m_1 m_2} < \dfrac{2(2-\beta)}{\lambda(q_H - q_L)(\bar{p} - \underline{p})}$ 时，$\dfrac{\partial p_L^{7*}}{\partial \gamma_2} < 0$。

证毕。

此命题有两点值得关注：保留价格低搜寻效率高的买家比例的变化对高声誉卖家定价的影响，以及保留价格高搜寻效率高的买家比例的变化对低声誉买家产品定价的影响。卖家产品的定价，不但取决于各个类型买家比例的变化，同时也受到各个类型买家搜寻效率内在关系的制约，也就是说，在不同的搜寻效率内在关系下，各个类型买家所占比例的变化当搜寻效率高的买家增加，使得网上市场中买家的搜寻活动增加，从而提高了买家与高声誉卖家交易的概率，低声誉卖家为了与高声誉卖家竞争，不得不降低产品的定价。对于高声誉卖家来说，由于买家搜寻活动的增加，市场上的信息不完全程度降低，高声誉卖家不但要与低声誉卖家进行竞争，而且要与高声誉卖家进行竞争，因此高声誉卖家也不得不降低定价。

第四节　小结

除了买家的保留差异会对买家的搜寻行为产生影响之外，买家的搜寻效率也是影响买家搜寻行为的主要原因之一。本章从买家搜寻效率存在差异的角度来分析和研究网上交易市场中的价格离散问题，并建立了两个不同的模型，分别是买家保留价格相同而搜寻效率不同的模型，以及买家保留价格不同且搜寻效率也不同的模型。通过这两个模型，这里分析了搜寻效率对买家搜寻活动的影响，以及对卖家定价的影响，最终引入到对价格离散程度的影响问题上来。研究发现：当买家的保留价格相同时，搜寻效率高的买家比搜寻效率低的买家付出更多的搜寻活动；卖家的定价随着买家搜寻效率的提高而降低，从而市场均衡时，价格离散程度降低。当买家的保留价格不同时，保留价格高且搜寻效率高的买家比保留价格低的买家付出更多的搜寻活动；而低保留价格且搜寻效率高的买家与高保留价格且搜寻效率低的买家相比，哪一类付出的搜寻活动多，哪一类付出的搜寻活动少要视条件而定；但无论买家类型如何多样化，只要搜寻效率提高，网上交易市场中的价格离散都降低。

第七章　网络外部性对价格离散的影响

网络外部性是网络产业的典型特征，而网络外部性的强弱对卖家的定价及买家的搜寻及交易策略产生重要影响，进而对网上交易市场中的价格离散程度产生影响。因此，本章基于搜寻理论，探讨网上交易市场中，当卖家声誉存在差异及买家搜寻存在成本时，网络外部性对价格水平和离散程度的影响。

第一节　引言

交叉网络外部性是双边市场的主要特征。这个重要的概念显然包含着如下含义：首先是外部性，说明每个市场中有利益溢出；其次是网络外部性，意味着溢出的利益是与市场规模成正比的；最后是"交叉"，强调这种利益的溢出并不是如传统的网络外部性理论所讨论的那样，在一个市场内部一个用户向其他用户溢出，而是在不同市场的终端用户之间相互溢出。

交叉网络外部性有正负之分。一种是交叉网络外部性为负的情况，如以广告收入为主要来源的媒体，广告对受众而言，特别是诸如电视台在黄金时段播放的连续剧中插播广告，通常对观众来说是一种干扰。然而从广告商的角度出发，电视台这样安排播出可以扩大广告的观看度。从这个角度看，广告商对广告时间的需求对观众的效用产生负的外部性。另一种是交叉网络外部性为正的情况，如在操作系统的双边市场上，PC终端用户规模的增加会增加开发商开发某个操作系统上的应用软件，因此软件的销售量可以增加，从而吸引更多的开发商开发更多的应用软件。软件开发商数量以及适用软件数量的增加也会使得PC价值上升，吸引更多用户使用。从这个角度看，软件开发商的数量对用户产生正的网络外部性，同时用户的数量对开发商也产生正的网络外部性。交叉网络外部性强度差异是决定双边市场中交叉网络外部性效应大小的主要原因之一。这种差异造成了A边用户增加对B边用户所产生的贡献可能会大于（或小于）B边用户增加对A边用户所产生的贡献。

除此之外，同一边的网络用户之间存在自网络外部性，而自网络外部性也存在正效用和负效用之分。在前面的内容中已经简单介绍过正的自网络外部性，如使用电子邮箱的用户只有一个，那么该电子邮箱就是没有价值的，但是随着使用的用户数量的增多，则该用户的电子邮箱的价值也就大大提升。但是自网络外部性也具有负效用，主要体现在用户之间的竞争性上。在本书中，我们不对自网络外部性进行研究，感兴趣的读者可以在此基础上进行分析探讨。

在第三章基本模型建立时，我们已经考虑了交叉网络外部性问题。在本章中将以两类卖家和两类买家为例对该问题进行深入分析，从不同的角度解释交叉网络外部性对网上交易市场中的价格离散产生的影响。

第二节 单向交叉网络外部性对价格离散的影响

一、基本假设

对所有的买家来说，高声誉卖家越多，买家随机地进行一次购买行为选择到高声誉卖家的概率提高，被欺骗的概率降低。从消费者的角度来说，高声誉卖家的数量越多越好,即高声誉卖家数量给买家带来正的网络外部性,使得买家效用提高。相反,对所有的买家来说,低声誉卖家越多,买家随机地进行一次购买行为选择到低声誉卖家的概率提高,被欺骗的概率升高。从消费者的角度来说,低声誉卖家的数量越少越好,即低声誉卖家数量给买家带来负的网络外部性,使得买家效用降低。这里用 $k_H>0$、$k_L>0$ 来表示交叉网络外部性强度。

根据交叉网络外部性理论,以及上面的分析得知,如果买家随机地在卖家中选择交易对象,那么买家的效用,即消费者剩余为:

$$U = \beta[q_H(p_R - p_H) + (1 - q_H)d] + (1 - \beta)[q_L(p_R - p_L) + (1 - q_L)d] + k_H \beta N - k_L(1 - \beta)N$$

但是,当买家的交易对象为 q_L 类型的卖家时,他可以付出 s 的搜寻活动,将其发现 q_H 类型的卖家的概率从 β 提高到 $\beta + s$,发现 q_L 类型卖家的概率从 $1 - \beta$ 降到 $1 - \beta - s$。

二、市场均衡分析

这里假设买家只进行一次购买行为,即买家需要购买的商品是耐用品,这样长期动态的决策问题就变成了单期的最优化问题。

对于 q_H 类型的某一卖家来说,在其他卖家价格既定的情况下降低价格会增加买家的搜寻活动,增加了买家选择高声誉卖家的概率。但是卖家降价的同时也将损失部分利润。这样,q_H 类型单个卖家的最优化问题为:

$$\max_{p_H} \frac{\beta + s}{\beta N}(p_H - p_C) \qquad (7-1)$$

$$s.t. \quad p_H - p_C \geq 0$$

同理,q_L 类型单个卖家的最优化问题为:

$$\max_{p_L} \frac{1 - \beta - s}{(1 - \beta)N}(p_L - p_C) \qquad (7-2)$$

$$s.t. \quad p_L - p_C \geq 0$$

买家在高声誉卖家和低声誉卖家定价策略下选择搜寻活动 s 来最大化其单期的效用，即：

$$\max_s \begin{bmatrix} (\beta+s)[q_H(p_R-p_H)+(1-q_H)d]+(1-\beta-s)[q_L(p_R-p_L)+ \\ (1-q_L)d]+k_H(\beta+s)N-k_L(1-\beta-s)N-ms^2 \end{bmatrix}$$

(7-3)

$$s.t. \quad s \geq 0$$
$$\beta+s \leq 1$$

先解出买家付出的最优搜寻活动：

$$s = \frac{q_H(p_R-p_H)+(1-q_H)d-q_L(p_R-p_L)-(1-q_L)d+(k_H+k_L)N}{2m} \quad (7-4)$$

暂时不考虑式（7-1）、式（7-2）和式（7-3）中的约束条件，将式（7-4）代入式（7-1）和式（7-2）分别可得 q_H 类型单个卖家和 q_L 类型单个卖家的价格水平：

$$p_H^{8*} = \frac{2m(1+\beta)+(q_H-q_L)(p_R-p_C-d)+(k_H+k_L)N}{3q_H}+p_C \quad (7-5)$$

$$p_L^{8*} = \frac{2m(2-\beta)-(q_H-q_L)(p_R-p_C-d)-(k_H+k_L)N}{3q_L}+p_C \quad (7-6)$$

从而可得：

$$s^{3*} = \frac{2m(1-2\beta)+(q_H-q_L)(p_R-p_C-d)+(k_H+k_L)N}{6m} \quad (7-7)$$

命题7.1 （1）当搜寻活动的效率较低 $m \geq \frac{(q_H-q_L)(p_R-p_C-d)+(k_H+k_L)N}{2(2-\beta)}$ 时，高声誉卖家和低声誉卖家同时存在于网上交易市场。

（2）当搜寻活动的效率较高 $m < \frac{(q_H-q_L)(p_R-p_C-d)+(k_H+k_L)N}{2(2-\beta)}$ 时，低声誉卖家被驱逐出网上交易市场。

证明：（1）$\beta+s \leq 1$ 要求 $m \geq \frac{(q_H-q_L)(p_R-p_C-d)+(k_H+k_L)N}{2(2-\beta)}$。此时，由式（7-6）可以看出，$p_L^{8*}-p_C \geq 0$ 为松弛约束，从而 $p_H^{8*}-p_C \geq 0$ 也为

松弛约束，所以上述解都为最优解。低声誉卖家制定的价格高于成本，因此较低的搜寻效率使得高声誉卖家和低声誉卖家同时存在于网上交易市场。

(2) 当 $m < \dfrac{(q_H - q_L)(p_R - p_C - d) + (k_H + k_L)N}{2(2-\beta)}$ 时，$p_L^{8*} - p_C \geq 0$ 为紧约束，此时只要高声誉卖家将价格定在略低于 p_H^{8*} 的水平上，买家的搜寻活动就会使得低声誉卖家无利可图，从而退出网上交易市场。

证毕。

推论 7.1 当不同声誉水平的卖家同时存在于网上交易市场，若：

$$m \leq \dfrac{(q_H^2 - q_L^2)(p_R - p_C - d) + (k_H + k_L)(q_H + q_L)N}{q_H(2-\beta) - q_L(1+\beta)}$$ 时，高声誉卖家提供的产品价格较高，低声誉卖家提供的产品价格较低，网上市场中存在价格离散现象。

证明：由式 (7-5) 和式 (7-6) 可知：

$$p_H^{8*} - p_L^{8*} = \dfrac{\{2m[q_L(1+\beta) - q_H(2-\beta)] + (q_H^2 - q_L^2)(p_R - p_C - d) + (k_H + k_L)(q_H + q_L)N\}}{3q_H q_L}$$

可以验证在此时 $p_H^{8*} - p_L^{8*} > 0$。

因此，当 $m \leq \dfrac{(q_H^2 - q_L^2)(p_R - p_C - d) + (k_H + k_L)(q_H + q_L)N}{q_H(2-\beta) - q_L(1+\beta)}$ 时，q_H 和 q_L 两种类型的卖家同时存在于网上交易市场，高声誉卖家制定较高的价格，获得较高的利润，低声誉卖家制定较低的价格，获得较低的利润。

证毕。

尽管买家搜寻效率越低，越有利于低声誉卖家的生存，但是对于高声誉买家来说是不利的，当搜寻效率过低时，买家毫无动机地进行搜寻，所以高声誉卖家不得不制定与低声誉卖家一样的市场价格。

由推论 7.1 的证明可得到：

推论 7.2 当不同声誉水平的卖家同时存在于网上交易市场，并且网上交易市场存在价格离散现象，相比低声誉卖家，每个高声誉卖家拥有较高的市份额。

证明：市场均衡的时候，有 $\beta + s$ 比例的买家会选择高声誉卖家，有 $1 - \beta - s$ 比例的买家会选择低声誉卖家。每一个高声誉卖家占有 $\frac{\beta + s}{\beta N}$ 的市场份额，每一个低声誉卖家则占有 $\frac{1 - \beta - s}{(1 - \beta)N}$ 的市场份额，每一个高声誉卖家占有的市场份额比低声誉卖家高 $\frac{s}{\beta(1 - \beta)N}$。在 $\beta = \frac{1}{2}$ 和 $N = 2$ 的极端情况下，高声誉卖家和低声誉卖家的市场份额分别为 $\frac{1}{2} + s$ 和 $\frac{1}{2} - s$。

证毕。

命题 7.2 当不同声誉水平的卖家同时存在于网上交易市场时，搜寻效率的提高将使买家增加搜寻活动，这将降低均衡时的产品价格，提高网上交易市场的效率。

证明：由式（7-7）可以看出，搜寻活动效率的提高（m 变小）会增加买家投入的搜寻活动。由式（7-5）和式（7-6）可以看出，搜寻活动效率的提高会降低卖家产品价格 p_H^{8*} 和 p_L^{8*}，增加了买家可以得到的消费者剩余，因此搜寻活动效率的提高改善了网上 C2C 交易市场的效率。

证毕。

命题 7.2 类似于经典搜寻理论的结论：厂商之间的竞争程度依赖于消费者的搜寻活动。如果消费者增加搜寻活动，厂商之间将增加价格竞争，从而使价格更接近成本；如果消费者减少搜寻，厂商减少竞争，价格水平上升（Diamond，1971；Salop & Stiglitz，1977；Wilde，1979）。消费者的搜寻活动及搜寻成本就决定了市场均衡和市场效率。

搜寻活动的效率与网上交易的效率密切相关。中国网上 C2C 交易的实际情况是，易趣和淘宝网等网站都没有提供一个很好的浏览和搜寻工具，例如，买家并不能通过综合比较卖家的声誉、产品价格等因素的方式来找到合适的商品，易趣和淘宝网上买家选择商品时的搜寻成本还比较高。随着网上商品的不断增加，改进商品的陈列方式、提供更好的商品浏览和搜寻工具对 C2C 交易的发展至关重要。

由于网上交易市场给买家带来的正的网络外部性主要取决于网上交易市场上高声誉卖家的数量，即取决于高声誉卖家所占的比例。当网上交易市场上卖家的数量一定时，高声誉卖家比例的变化将导致网上交易市场价格的均衡情况发生改变。

命题7.3 当不同声誉水平的卖家同时存在于网上交易市场：

（1）若正高声誉卖家所占的比例较大（即高声誉卖家给买家带来的正的网络外部性较大），即 $\beta > \dfrac{2m(2q_H - q_L) - (q_H^2 - q_L^2)(p_R - p_C - d) - (k_H + k_L)(q_H + q_L)N}{2m(q_H + q_L)}$ 时，高声誉卖家的定价高于低声誉卖家的价格，从而网上交易市场出现价格离散现象。

（2）若高声誉卖家所占的比例较小（即高声誉卖家给买家带来的正的网络外部性较小），即 $\beta \leq \dfrac{2m(2q_H - q_L) - (q_H^2 - q_L^2)(p_R - p_C - d) - (k_H + k_L)(q_H + q_L)N}{2m(q_H + q_L)}$ 时，网上交易市场不存在价格离散现象。

证明：由于：

$$p_H^{8*} - p_L^{8*} = \frac{\begin{bmatrix} 2m[q_L(1+\beta) - q_H(2-\beta)] + (q_H^2 - q_L^2) \\ (p_R - p_C - d) + (k_H + k_L)(q_H + q_L)N \end{bmatrix}}{3q_H q_L}$$

由此可知，当 $\beta > \dfrac{2m(2q_H - q_L) - (q_H^2 - q_L^2)(p_R - p_C - d) - (k_H + k_L)(q_H + q_L)N}{2m(q_H + q_L)}$ 时，

$p_H^{8*} - p_L^{8*} > 0$

当 $\beta \leq \dfrac{2m(2q_H - q_L) - (q_H^2 - q_L^2)(p_R - p_C - d) - (k_H + k_L)(q_H + q_L)N}{2m(q_H + q_L)}$ 时，

$p_H^{8*} - p_L^{8*} \leq 0$。

证毕。

这是因为，当高声誉卖家比例较低时，买家没有搜寻的动机，此时高声誉

卖家不得不与低声誉卖家进行竞争，从而制定的价格与低声誉卖家相同。另外，当高声誉卖家的数量较少时，带给买家的正的交叉网络外部性较小，从而买家的效用因此而降低，如若此时高声誉卖家定高价，势必更损害买家，从而买家购买高价产品的动机减弱。此结论与传统模型中的经济结论有些相反，即卖家数量越少，垄断地位越强，从而定价越高。

命题7.4 搜寻活动的效率对价格离散程度的影响取决于不同声誉水平卖家所占的比例：当高声誉卖家所占的比例较大（$\beta > \frac{2q_H - q_L}{q_H + q_L}$）时，买家搜寻活动效率的提高会降低价格离散程度；当高声誉卖家所占的比例$\beta = \frac{2q_H - q_L}{q_H + q_L}$时，搜寻活动效率的提高对价格离散程度没有影响；当高声誉卖家所占的比例相对较小（$\beta < \frac{2q_H - q_L}{q_H + q_L}$）时，搜寻活动效率的提高会增加价格离散程度。

命题7.5 当网络外部性强度增加时，即k_H、k_L都变大，此时买家会增加搜寻活动，而高声誉卖家产品的价格提高，低声誉卖家的产品价格进一步下降，拉大了网上交易市场高低声誉卖家产品的价格差，即网上交易市场上价格离散程度加剧。

证明：由式（7-5）、式（7-6）和式（7-7）显然可知。

这里的解释是，当网络外部性强度增加时，相同数量的高声誉卖家给买家带来的正的网络外部性增加了，导致买家付出更多的搜寻活动，进而使得高声誉卖家制定更高的价格。而相同数量的低声誉卖家由于网络外部性强度增加，导致负的网络外部性的增加，买家的厌恶心里也增强，促使买家极力去搜寻高声誉卖家，致使搜寻活动提高。因此低声誉卖家为了在网上交易市场生存，不得不进一步降低价格，即导致网上交易市场价格离散程度加剧。

第三节 双向交叉网络外部性对价格离散的影响

一、基本假设

假设买家有两种类型——高保留价格的买家和低保留价格的买家,两类买家所占的比例分别为 λ 和 $1-\lambda$,商品的保留价格分别为 $\bar{p}$ 和 $\underline{p}$,($\bar{p}>\underline{p}$)且 $\bar{p}>p_C$,$\underline{p}>p_C$。如果卖家选择了合作,买家可以得到($\bar{p}-p_j$)或者($\underline{p}-p_j$),$j=H,L$ 的效用;如果卖家选择了欺骗,买家可以得到 d 的效用。卖家选择合作时买家得到的效用要大于卖家选择欺骗时买家得到的效用,$\bar{p}-p_j>d$,$\underline{p}-p_j>d$。

对所有的买家来说,高声誉卖家越多,买家随机地进行一次购买行为选择到高声誉卖家的概率将会提高,被欺骗的概率降低,即高声誉卖家数量给买家带来正的网络外部性,使得买家效用提高。相反,对所有的买家来说,低声誉卖家越多,买家随机地进行一次购买行为选择到低声誉卖家的概率提高,被欺骗的概率升高,即低声誉卖家数量给买家带来负的网络外部性,使得买家效用降低。这里用 $k_H>0$、$k_L>0$ 来表示卖家给买家带来的网络外部性的大小,即网络外部性强度系数。

同样,对所有卖家来说,买家的数量越多,那么潜在的交易量就越多,从而潜在的利润也就越多,因此无论哪种类型的买家给卖家带来的网络外部性都是正的,为了便于分析,这里并没有将单个高保留价格的买家与单个低保留价格的买家给卖家带来的正的网络外部性的大小进行区分,即认为每一个买家给卖家带来的外部性是一样的。这里用 $k>0$ 来表示单个买家给卖家带来正的网络外部性的大小,即网络外部性强度系数。

根据交叉网络外部性理论，以及上面的分析得知，如果买家随机地在卖家中选择交易对象，那么高保留价格与低保留价格的买家的效用分别为：

$\overline{U} = \beta[q_H(\overline{p} - p_H) + (1 - q_H)d] + (1 - \beta)[q_L(\overline{p} - p_L) + (1 - q_L)d] + k_H \beta N - k_L(1 - \beta)N$

并且 $\underline{U} = \beta[q_H(\underline{p} - p_H) + (1 - q_H)d] + (1 - \beta)[q_L(\underline{p} - p_L) + (1 - q_L)d] + k_H \beta N - k_L(1 - \beta)N$

但是，当买家的交易对象为 q_L 类型的卖家时，买家可以付出 s 的搜寻活动，将其发现 q_H 类型的卖家的概率从 β 提高到 $\beta + s$，发现 q_L 类型卖家的概率从 $1 - \beta$ 降到 $1 - \beta - s$。

二、市场均衡分析

这里假设买家只进行一次购买行为，即买家需要购买的商品是耐用品，这样长期动态的决策问题就变成了单期的最优化问题。

对于 q_H 类型的某一卖家来说，在其他卖家价格既定的情况下降低价格会增加买家的搜寻活动，增加了买家选择高声誉卖家的概率，进而增加了选择其的概率。但是，卖家降价的同时也将损失部分利润。这样，q_H 类型单个卖家的最优化问题为：

$$\max_{p_H} \frac{\beta + \lambda \overline{s} + (1 - \lambda)\underline{s}}{\beta N}(p_H - p_C + kW) \quad (7-8)$$

$$s.t. \quad p_H - p_C + kM \geq 0$$

同理，q_L 类型单个卖家的最优化问题为：

$$\max_{p_L} \frac{1 - \beta - [\lambda \overline{s} + (1 - \lambda)\underline{s}]}{(1 - \beta)N}(p_L - p_C + kW) \quad (7-9)$$

$$s.t. \quad p_L - p_C + kM \geq 0$$

高保留效用买家在高声誉卖家和低声誉卖家定价策略下选择搜寻活动 $\overline{s}$ 来最大化其单期的效用，即：

$$\max_{\overline{s}} \begin{bmatrix} (\beta+\overline{s})[q_H(\overline{p}-p_H)+(1-q_H)d]+(1-\beta-\overline{s})[q_L(\overline{p}-p_L)+ \\ (1-q_L)d]+k_H(\beta+\overline{s})N-k_L(1-\beta-\overline{s})N-m\overline{s}^2 \end{bmatrix}$$
(7-10)

$$s.t. \quad \overline{s}\geqslant 0, \beta+\overline{s}\leqslant 1$$

低保留效用买家在高声誉卖家和低声誉卖家定价策略下选择搜寻活动 s 来最大化其单期的效用，即：

$$\max_{\underline{s}} \begin{bmatrix} (\beta+\underline{s})[q_H(\underline{p}-p_H)+(1-q_H)d]+(1-\beta-\underline{s})[q_L(\underline{p}-p_L)+ \\ (1-q_L)d]+k_H(\beta+\underline{s})N-k_L(1-\beta-\underline{s})N-m\underline{s}^2 \end{bmatrix}$$
(7-11)

$$s.t. \quad \underline{s}\geqslant 0, \beta+\underline{s}\leqslant 1$$

高保留效用买家和低保留效用的买家的最优搜寻活动分别为：

$$\overline{s}=\frac{q_H(\overline{p}-p_H)-(q_H-q_L)d-q_L(\overline{p}-p_L)+(k_H+k_L)N}{2m} \quad (7-12)$$

$$\underline{s}=\frac{q_H(\underline{p}-p_H)-(q_H-q_L)d-q_L(\underline{p}-p_L)+(k_H+k_L)N}{2m} \quad (7-13)$$

暂时不考虑式（7-8）、式（7-9）、式（7-10）和式（7-11）中的约束条件，将式（7-12）、式（7-13）代入式（7-8）和式（7-9），分别可得 q_H 类型单个卖家和 q_L 类型单个卖家的价格水平：

$$p_H^{9*}=\frac{\begin{bmatrix}2m(1+\beta)+\lambda(q_H-q_L)(\overline{p}-\underline{p})+(q_H-q_L)(\underline{p}-d)\\+p_C(2q_H+q_L)+(k_H+k_L)N-(2q_H+q_L)kW\end{bmatrix}}{3q_H} \quad (7-14)$$

$$p_L^{9*}=\frac{\begin{bmatrix}2m(2-\beta)-\lambda(q_H-q_L)(\overline{p}-\underline{p})-(q_H-q_L)(\underline{p}-d)\\+p_C(q_H+2q_L)-(k_H+k_L)N-(q_H+2q_L)kW\end{bmatrix}}{3q_L} \quad (7-15)$$

再将式（7-14）、式（7-15）代入式（7-12）和式（7-13）中得：

$$\overline{s}^{4*} = \frac{\begin{bmatrix} 2m(1-2\beta) - 2\lambda(q_H-q_L)(\overline{p}-\underline{p}) + (q_H-q_L) \\ (3\overline{p}-2\underline{p}-p_C-d) + (k_H+k_L)N + (q_H-q_L)kW \end{bmatrix}}{6m} \quad (7-16)$$

$$\underline{s}^{4*} = \frac{\begin{bmatrix} 2m(1-2\beta) - 2\lambda(q_H-q_L)(\overline{p}-\underline{p}) + (q_H-q_L) \\ (\underline{p}-p_C-d) + (k_H+k_L)N + (q_H-q_L)kW \end{bmatrix}}{6m} \quad (7-17)$$

在第四章中得到,当网络平台对卖家不收取任何费用时,市场均衡情况下,买家进行的搜寻活动以及网络市场均衡价格分别为:

$$\overline{s}^{1*} = \frac{2m(1-2\beta) - 2\lambda(q_H-q_L)(\overline{p}-\underline{p}) + (q_H-q_L)(3\overline{p}-2\underline{p}-p_C-d)}{6m}$$

$$\underline{s}^{1*} = \frac{2m(1-2\beta) - 2\lambda(q_H-q_L)(\overline{p}-\underline{p}) + (q_H-q_L)(\underline{p}-p_C-d)}{6m}$$

$$p_H^{1*} = \frac{2m(1+\beta) + \lambda(q_H-q_L)(\overline{p}-\underline{p}) + (q_H-q_L)(\underline{p}-d) + p_C(2q_H+q_L)}{3q_H}$$

$$p_L^{1*} = \frac{2m(2-\beta) - \lambda(q_H-q_L)(\overline{p}-\underline{p}) - (q_H-q_L)(\underline{p}-d) + p_C(q_H+2q_L)}{3q_L}$$

由式(7-16)和式(7-17)两式显然可得:$\overline{s}^{4*} - \underline{s}^{4*} = \frac{(q_H-q_L)(\overline{p}-\underline{p})}{2m} > 0$,由此得到以下命题:

命题7.6 交叉网络外部性的存在使得所有买家的搜寻活动都有所增加,且搜寻活动增加的幅度相同,即市场均衡时,不同保留价格买家之间搜寻活动的差距不变。

证明:因为 $\overline{s}^{4*} - \overline{s}^{1*} = \underline{s}^{4*} - \underline{s}^{1*} = \frac{(k_H+k_L)N + (q_H-q_L)kW}{6m} > 0$

证毕。

买家搜寻活动效率的高低将直接影响高声誉卖家与低声誉卖家在网上交易市场中的市场地位,从而影响市场结构。

命题7.7 （1）当买家搜寻活动的效率较低，即：

$$m \geq \frac{\lambda(q_H-q_L)(\bar{p}-\underline{p}) + (q_H-q_L)(\underline{p}-p_C-d) + (k_H+k_L)N + (q_H-q_L)kW}{2(2-\beta)}$$

此时，高声誉卖家和低声誉卖家同时存在于网上交易市场。

（2）当买家搜寻活动的效率较高，即：

$$m < \frac{\lambda(q_H-q_L)(\bar{p}-\underline{p}) + (q_H-q_L)(\underline{p}-p_C-d) + (k_H+k_L)N + (q_H-q_L)kW}{2(2-\beta)}$$

此时，低声誉卖家被驱逐出网上交易市场。

证明：（1）网上交易市场中的买家搜寻效率比较低，且满足：

$$1 \geq m \geq \frac{\lambda(q_H-q_L)(\bar{p}-\underline{p}) + (q_H-q_L)(\underline{p}-p_C-d) + (k_H+k_L)N + (q_H-q_L)kW}{2(2-\beta)}$$

时，

若 $\beta+\bar{s} \leq 1$，$\beta+\underline{s} \leq 1$ 并且 $\beta+\lambda\bar{s}+(1-\lambda)\underline{s} \leq 1$，此时，由式(7-15)可以看出，约束条件 $p_L^{9*} - p_C + kW = \dfrac{\begin{bmatrix} 2m(2-\beta) - \lambda(q_H-q_L)(\bar{p}-\underline{p}) - (q_H-q_L)(\underline{p}-p_C-d) \\ -(k_H+k_L)N - (q_H-q_L)kW \end{bmatrix}}{3q_L} \geq 0$ 为松弛约束，从而 $p_H^{9*} - p_C \geq 0$ 也为松弛约束，所以上述解均为最优解。低声誉卖家制定的价格高于成本，因此，较低的搜寻效率使得高声誉卖家和低声誉卖家同时存在于网上交易市场。

（2）当 $m < \dfrac{\lambda(q_H-q_L)(\bar{p}-\underline{p}) + (q_H-q_L)(\underline{p}-p_C-d) + (k_H+k_L)N + (q_H-q_L)kW}{2(2-\beta)}$

时，$\beta+\bar{s} \leq 1$、$\beta+\underline{s} \leq 1$、$\beta+\lambda\bar{s}+(1-\lambda)\underline{s} \leq 1$ 和 $p_L^{9*} - p_C + kW \geq 0$ 都为紧约束，故 $\lambda\bar{s}^{4*} + (1-\lambda)\underline{s}^{4*} = 1-\beta$，$p_L^{9*} = p_C - kW$。此时只要高声誉卖家将价格定在略低于 p_H^{9*} 的水平上，买家的搜寻活动就会使得低声誉卖家无利可图，从而退出网上交易市场。

证毕。

命题7.8 当不同声誉水平的卖家同时存在于网上交易市场，若：

(1) $\beta \geq \dfrac{2q_H - q_L}{q_H + q_L}$；或：

(2) $\beta < \dfrac{2q_H - q_L}{q_H + q_L}$ 且 $m < \dfrac{\left[\begin{array}{l}\lambda(q_H^2 - q_L^2)(\bar{p} - \underline{p}) + (q_H^2 - q_L^2)(\underline{p} - p_C - d) + \\ (k_H + k_L)(q_H + q_L)N + (q_H^2 - q_L^2)kW\end{array}\right]}{2(2q_H - q_L - q_L\beta - q_H\beta)}$

此时，高声誉卖家提供的产品价格较高，低声誉卖家提供的产品价格较低，网上市场中存在价格离散现象。

证明：由于：

$$p_H^{9*} - p_L^{9*} = \dfrac{\left[\begin{array}{l}2m(q_L + q_L\beta + q_H\beta - 2q_H) + \lambda(q_H^2 - q_L^2)(\bar{p} - \underline{p}) + (q_H^2 - q_L^2) \\ (\underline{p} - p_C - d) + (k_H + k_L)(q_H + q_L)N + (q_H^2 - q_L^2)kW\end{array}\right]}{3q_H q_L}$$

可以验证在满足命题 7.8 中条件（1）或（2）时 $p_H^{9*} - p_L^{9*} > 0$。

因此，q_H 和 q_L 两种类型的卖家同时存在于网上交易市场，高声誉卖家制定较高的价格，获得较高的利润，低声誉卖家制定较低的价格，获得较低的利润。

证毕。

由定理 7.8 的证明可得到：

推论 7.3 高保留效用买家所占比例的升高，会增加价格离散程度。

命题 7.9 若不同声誉的卖家同时存在于网上交易市场，且网上交易市场存在价格离散现象，交叉网络外部性的存在使得市场均衡时，价格离散程度加剧，并且随着交叉网络外部性强度系数的增加而增加。

证明：由于：

$$(p_H^{9*} - p_L^{9*}) - (p_H^{1*} - p_L^{1*}) = \dfrac{(k_H + k_L)(q_H + q_L)N + (q_H^2 - q_L^2)kW}{3q_H q_L} > 0$$

故市场均衡时，价格离散程度加剧。

又因为 $(p_H^{9*} - p_L^{9*})$ 是 k_H、k_L、k 的增函数，

故随着交叉网络外部性强度系数 k_H、k_L、k 的增加，价格离散程度加剧。

证毕。

由命题 7.9 的证明可知：

推论 7.4 若不同声誉的卖家同时存在于网上交易市场，且网上交易市场存在价格离散现象，随着参与网上交易的卖家与买家数量的增加，使得市场均衡时，价格离散程度加剧。

第四节　小结

经典的搜寻理论文献认为搜寻成本的存在使得传统竞争市场中同质产品销售具有价格离散现象，本章基于搜寻理论，分析了在网上交易市场中，当卖家声誉存在差异时，交叉网络外部性对不同卖家定价的影响，进而研究了网上交易市场声誉机制、搜寻成本，以及网络外部性之间的相互作用。在搜寻成本较高的情况下，无论高声誉卖家如何定价，低声誉卖家都可以通过降低产品价格来弥补低声誉劣势。由于较高的搜寻成本，买家发现高声誉卖家比较困难，这样对高声誉卖家来说维持一个相对较高的价格就是一个更好的选择。于是就出现一个均衡：高声誉卖家出售的产品价格较高，获得较高的利润；低声誉卖家出售的产品价格较低，获得较低的利润。买家搜寻活动效率的提高会使买家付出更多的搜寻活动，为了同高声誉的卖家竞争，低声誉的卖家不得不进一步降低产品价格，低声誉卖家被驱逐出网上交易市场的可能性因而增加了。研究表明：交叉网络外部性的存在，使得买家的搜寻活动有所增加，并随着网络外部性强度的增加而增加；交叉网络外部性的存在使得高声誉卖家产品的定价提高，低声誉卖家产品的定价降低，即市场均衡时，网上交易市场中的价格离散程度加剧了；随着网络外部性强度的增加，网上交易市场中的价格离散程度进一步加剧；随着搜寻效率的提高，市场均衡价格不断降低，但由于网络外部性的存在，高声誉卖家愿意与低声誉卖家共享网上交易市场，使得低声誉卖家不会被逐出网上交易市场。本章中模型的结论很好地解释了网上交易市场中的一些现象，同时也存在些许反直观的结论。

第八章 广告推广活动对价格离散的影响

广告的目的是扩大经济效益,通常是商品生产者、经营者和消费者之间沟通信息的重要手段。因此本章考虑了网络商品销售中高声誉卖家植入广告活动的问题,来分析两类卖家定价策略的变化以及买家搜寻活动的变化,继而研究广告推广活动对网上交易市场中价格离散的影响。

第一节 引言

1948 年,美国营销协会的定义委员会(The Committee on Definitions of the American Marketing Association)将广告定义为:广告是由可确认的广告主,对其观念、商品或服务所作之任何方式付款的非人员式的陈述与推广。其目的就是通过广告的宣传活动向消费者传递产品信息,以达到扩大销售量、增加经济效益的目的。卖家通过一定媒介和形式在传播商业信息的时候需要向广告运营商支付一定的广告费用,这就导致并不是所有的卖家都会或有能力进行广告宣传。既然广告具有快速传播信息的功能,那么对于进行广告宣传的卖家以及接收广告信息的买家来说,广告推广活动将会影响到其定价和交易行为,继而影响到网上交易市场中的价格离散程度。卖家为了扩大其商品的销售量往往采取广告的方式,而这些广告是要付费的,这些广告效果如何可能会直接影响到商家经营的成败,但在这里主要考虑的是广告的收费问题。网络广告的收费方式是多样化的,目前来看,网络交易平台中经常采用的广告收费方式包含以下几种类型:

(1) CPM(Cost Per Mile/Cost Per Thousand Impressions)广告收费模式。即广告投放过程中,每1000人次听到或者看到的费用,这是网络广告收费最常采用的模式之一。比如,网络平台中广告定价为10元/CPM,意味着当1000人次浏览该网页对该广告有"印象"时收费为10元,那么如果有10000人次点击访问的话收费就是100元。

(2) CPC(Cost Per Click)广告收费模式。即广告投放过程中,以每点击一次收费。比如,每次点击的收费是0.01元,则有1000人次点击,广告费用就是10元。这种模式采用得比较少,主要原因在于很多消费者看到了广告不一定会点击进入,操作上存在一定的难度。

(3) CPS(Cost for Per Sale)广告收费模式。即以实际销售商品的数量来换算成广告费用,该模式主要按照广告被点击后产生了实质性的交易行为,那么网络平台运营商以销售笔数(或者金额)进行提成。

(4) CPD(Cost Per Day)广告收费模式。即广告按天收费,这也是当前比较流行的收费方式之一。该收费方式往往采取竞价的方式获得广告投放的资源,网页中不同位置的价格也存在差异,越是优质资源价格越高。而且存在"淡旺季"之分,在中国尤其是各种节假日因为各个商家都打算促销,导致广告收费比平时要高很多。据了解,在"双十一",一天的广告费用就要几百万元。

此外,还存在CPTM广告收费模式、PPC广告收费模式、CPL广告收费模式、PPL广告收费模式、CPO广告收费模式、PPS广告收费模式等。对于卖家来说,广告推广的费用是无法忽略的,而且往往成本很高。

现有研究文献对于广告的分析并不少见,Stigler(1961)通过实证研究预测,提高价格信息的广告,会导致产品定价以及价格离散程度降低。他通过对如太阳镜、验光配镜服务以及处方药等商品,并对比其在广告下与非广告下的价格发现，广告的确能引起产品定价和价格离散降低。Gresham 和 Shimp（1985）在实验室中对超市产品利用具有情感效价化的电视广告刺激消费者，来研究广告对消费者品牌态度的影响。研究发现，实验结果并不能很好地印证理论结论，在 10 个具有正面和负面的广告中，只有三个能够与理论结果相一致，即广告能够影响消费者对产品的态度。换句话说，广告影响消费者对产品品牌的态度是有限的。Milyo 和 Waldfogel（1999）研究发现，广告只会引起被宣传产品价格的下降，而非所有产品价格都下降。他们同时也发现，进行广告推广活动后，价格离散程度在短时间内会维持现状或小幅提升。但是这些研究并没有从网上收集数据加以验证。

经济学理论认为，激烈的竞争将导致价格下降。搜寻理论预测，大量的广告宣传使得物品价格普遍较低。鉴于在互联网上搜寻几乎无成本，它可能是所有销售渠道中被认为最接近于大量的宣传。为了探讨这些问题，Clay，Krishnan 和 Wolff（2001）分析了网上销售渠道中的竞争结构、广告、价格和价格分散之间的关系。他们收集了1999年8月～2000年1月的网上图书价格数据，该数据中超过399种书籍，这些书籍包括《纽约时报》畅销书以及电脑畅销书等。研究发现，激烈的竞争导致市场均衡时产品价格较低，而价格离散程度也较小，市场的竞争结构保持不变，同时，广泛的宣传活动也会使得产品的定价较低。产生这一结果的可能的解释是卖家在成本、产品等方面都存在差异。

徐峰等认为，通过降低广告制作成本来降低单位广告所产生的平均需求将会为企业赢得更大的竞争优势。吴德胜、李维安（2008）研究发现高声誉卖家进行广告推广活动可以提高其产品定价，而低声誉卖家产品定价降低，导致网上交易市场中的价格离散程度加剧。同时，广告推广活动会减少买家付出的搜寻活动。

本章将借鉴以往的研究文献，尤其是吴德胜等有关广告推广活动的研究文献来研究广告推广活动对买家搜寻行为及卖家定价与价格离散的影响。但是，不完全等同于其他研究文献，本章将从差异化买家及交叉网络外部性的前提下来引入广告推广活动，这也就使得对该问题研究的视角发生了一定的变化。

第二节 基于差异化买家广告推广活动对价格离散的影响

一、基本假设

除了提供免费的浏览和搜寻工具以外，卖家可以在网站的显著位置，如首页、橱窗等处做广告宣传，提高其登录商品的浏览量，增加其被买家选择的机会。为了分析的简化，本章没有考虑不同声誉的卖家对推广活动进行竞价的情况，这里只考虑高声誉卖家进行广告推广活动时的情况，但这不影响分析的结果，由于假设所有的卖家商品成本相同，最后肯定是高声誉卖家付出比低声誉卖家更多的推广活动。由于卖家在推广活动上的竞争，卖家的部分利润转移到了 B2C/C2C 网站。这与 Google 和百度等搜索引擎的搜索竞价类似，出价高的竞价者的网页排在 Google 搜索结果的最前面。

二、市场均衡分析

这里假设高声誉卖家付出 α 的广告推广活动后可以将买家搜寻到其的概率提高 α，付出的成本为 $l\alpha^2$，其中 l 表示广告推广效率。另外，虽然高声誉卖家的广告推广活动相比买家付出的搜寻活动更有效率，但是由于卖家的广告推广使每一位买家搜寻到其的概率都提高了，因此其耗费的成本也应高于买家的搜寻活动，l 远大于 m 应是一个合理的假设，这里假设 $l > \dfrac{m}{3q_H N\beta}$。

对于 q_H 类型的某一卖家来说，在其他卖家价格既定的情况下通过广告推广活动，使得买家的搜寻效率提高了，增加了买家的搜寻行为，从而增加了买家选择高声誉卖家的概率。但是高声誉卖家提供广告推广活动同时也将损失部分利润。这样，q_H 类型单个卖家的最优化问题为：

$$\max_{p_H} \frac{\beta + \lambda \bar{s} + (1-\lambda)\underline{s} + \alpha}{\beta N}(p_H - p_C) - l\alpha^2 \qquad (8-1)$$

$$s.t. \quad p_H - p_C \geq 0$$

同理，q_L 类型单个卖家的最优化问题为：

$$\max_{p_L} \frac{1 - \beta - [\lambda \bar{s} + (1-\lambda)\underline{s}] - \alpha}{(1-\beta) N}(p_L - p_C) \qquad (8-2)$$

$$s.t. \quad p_L - p_C \geq 0$$

高保留价格买家在高声誉卖家和低声誉卖家定价策略以及广告推广业务下选择搜寻活动 $\bar{s}$ 来最大化其单期的效用，即：

$$\max_{\bar{s}} \begin{bmatrix} (\beta + \bar{s} + \alpha)[q_H(\bar{p} - p_H) + (1 - q_H)d] + \\ (1 - \beta - \bar{s} - \alpha)[q_L(\bar{p} - p_L) + (1 - q_L)d] - m\bar{s}^2 \end{bmatrix} \qquad (8-3)$$

$$s.t. \quad \bar{s} \geq 0, \beta + \bar{s} + \alpha \leq 1$$

低保留价格买家在高声誉卖家和低声誉卖家定价策略以及广告推广业务下选择搜寻活动 $\underline{s}$ 来最大化其单期的效用，即：

$$\max_{\underline{s}} \begin{bmatrix} (\beta + \underline{s} + \alpha)[q_H(\underline{p} - p_H) + (1 - q_H)d] + \\ (1 - \beta - \underline{s} - \alpha)[q_L(\underline{p} - p_L) + (1 - q_L)d] - m\underline{s}^2 \end{bmatrix} \qquad (8-4)$$

$$s.t. \quad \underline{s} \geq 0, \beta + \underline{s} + \alpha \leq 1$$

高保留效用买家和低保留效用买家的最优搜寻活动分别为：

$$\bar{s} = \frac{q_H(\bar{p} - p_H) - (q_H - q_L)d - q_L(\bar{p} - p_L)}{2m} \qquad (8-5)$$

$$\underline{s} = \frac{q_H(\underline{p} - p_H) - (q_H - q_L)d - q_L(\underline{p} - p_L)}{2m} \qquad (8-6)$$

广告最优投入为：$\alpha = \dfrac{p_H - p_C}{2l\beta N}$ \qquad (8-7)

将式（8-5）、式（8-6）、式（8-7）代入式（8-1）和式（8-2），分别可得 q_H 类型单个卖家和 q_L 类型单个卖家的价格水平：

$$p_H^{10*} = \frac{\begin{bmatrix} 2l\beta Nm(1+\beta) \\ +\lambda l\beta N(q_H-q_L)(\bar{p}-\underline{p}) \end{bmatrix} + \begin{bmatrix} l\beta Nq_H(2p_C+\underline{p}-d) \\ -l\beta Nq_L(\underline{p}-p_C-d) \end{bmatrix} - mp_C}{3l\beta Nq_H - m} \quad (8-8)$$

$$p_L^{10*} = \frac{\begin{bmatrix} 2l\beta Nmq_H(2-\beta) \\ -l\beta Nq_H^2(\underline{p}-p_C-d) \end{bmatrix} + \begin{bmatrix} l\beta Nq_Hq_L(2p_C+\underline{p}-d) \\ -\lambda l\beta Nq_H(q_H-q_L)(\bar{p}-\underline{p}) \end{bmatrix} - \begin{bmatrix} mq_Lp_C+ \\ 2m^2 \end{bmatrix}}{(3l\beta Nq_H-m)q_L}$$

$$(8-9)$$

再将上面两式代入式（8-5）、式（8-6）和式（8-7）中得：

$$\bar{s}^{5*} = \frac{l\beta Nq_H(q_H-q_L)\begin{bmatrix} 3\bar{p}-2\lambda(\bar{p}-\underline{p}) \\ -p_C-2\underline{p}+5d \end{bmatrix} + \begin{bmatrix} 2l\beta q_H Nm(1-2\beta) \\ -m(q_H-q_L)(\bar{p}-p_C+d) \end{bmatrix} - 2m^2}{2m(3l\beta Nq_H-m)}$$

$$(8-10)$$

$$\underline{s}^{5*} = \frac{l\beta Nq_H(q_H-q_L)\begin{bmatrix} 5d-2\lambda(\bar{p}-\underline{p}) \\ +\underline{p}-p_C \end{bmatrix} + \begin{bmatrix} 2l\beta q_H Nm(1-2\beta) \\ -m(q_H-q_L)(\underline{p}-p_C+d) \end{bmatrix} - 2m^2}{2m(3l\beta Nq_H-m)}$$

$$(8-11)$$

$$\alpha^{1*} = \frac{2m(1+\beta) + \lambda(q_H-q_L)(\bar{p}-\underline{p}) + q_H(\underline{p}-d) - q_L(\underline{p}-p_C-d)}{2(3l\beta Nq_H-m)}$$

$$(8-12)$$

由式（8-12）显然可知：

命题8.1 高声誉卖家投入的广告推广活动随着广告推广效率的降低（即 l 变大）而减少，随着高保留价格买家比例的升高而增加。

当高声誉的卖家知道高保留价格的买家所占消费者比例很高时，为了增加其被选择的概率并提高其产品的价格，进而获得更多的收益，高声誉卖家会增加广告等推广活动的投入。通过该活动使得买家的搜寻效率提高了，从而也节省了买家的搜寻成本，这也达到了双赢的目的。但是，倘若广告推广效率比较低,此时高声誉卖家通过广告推广活动使买家搜寻到其概率提高相同幅度的情况下,l 的增加导致高声誉卖家付出的广告投入增加,因此当 l 增加时,高声誉卖家投入的推广活动将减少。那么在这种情况下,买家进行的搜寻活动将如何变化呢?

命题8.2 广告推广效率的降低(即 l 变大),使得两类买家进行的搜寻活动增加,反之,两类买家进行的搜寻活动减少。

证明:由式(8-10)与式(8-11)两式可知:

$$\frac{\partial \bar{s}^{5*}}{\partial l}=\frac{\beta N q_H(q_H-q_L)[\underline{p}-p_C-d+\lambda(\bar{p}-\underline{p})]+2\beta N q_H m(1+\beta)}{(3l\beta N q_H-m)^2}>0$$

$$\frac{\partial \underline{s}^{5*}}{\partial l}=\frac{\beta N q_H(q_H-q_L)[\underline{p}-p_C-d+\lambda(\bar{p}-\underline{p})]+2\beta N q_H m(1+\beta)}{(3l\beta N q_H-m)^2}>0$$

因此,随着 l 增加,$\bar{s}^{5*}$ 与 $\underline{s}^{5*}$ 都增加。

证毕。

高声誉卖家投入的广告多,买家越容易发现高声誉卖家,投入的广告少,买家越难以发现高声誉卖家。而当广告推广效率比较低时,高声誉卖家进行的广告推广活动就比较少,因此买家若想与高声誉卖家交易,不得不付出更多的搜寻活动,以提高与高声誉卖家交易的概率。也就是说,广告推广效率将影响高声誉卖家对广告的投入量,继而影响到买家付出搜寻活动的多少。

在第四章中探讨了卖家在没有任何广告投入情况下两类卖家的定价策略与买家的搜寻活动,那么当高声誉卖家进行广告推广活动后,两类卖家的定价策略与买家的搜寻活动究竟发生了哪些变化呢?这里得到如下几个命题。

命题8.3 与高声誉卖家未进行广告推广活动相比,广告推广活动使得买家的搜寻活动有所降低,并且两类买家搜寻活动减少的幅度相同。

证明:当 $l>\dfrac{m}{3q_H N\beta}$ 时,由式(4-9)、式(4-10)及式(8-10)、式(8-11)可知:

$$\overline{s}^{5*} - \overline{s}^{1*} = \frac{\begin{bmatrix} 9l\beta Nq_H d\ (q_H - q_L) \\ -m\ (q_H - q_L)\ (\underline{p} - p_C + 2d) \end{bmatrix} - \begin{bmatrix} 2m^2\ (1+\beta) \\ +\lambda N\ (q_H - q_L)\ (\overline{p} - \underline{p}) \end{bmatrix}}{3m\ (3l\beta Nq_H - m)} < 0$$

$$\underline{s}^{5*} - \underline{s}^{1*} = \frac{\begin{bmatrix} 9l\beta Nq_H d\ (q_H - q_L) \\ -m\ (q_H - q_L)\ (\underline{p} - p_C + 2d) \end{bmatrix} - \begin{bmatrix} 2m^2\ (1+\beta) \\ +\lambda N\ (q_H - q_L)\ (\overline{p} - \underline{p}) \end{bmatrix}}{3m\ (3l\beta Nq_H - m)} < 0$$

即高声誉卖家进行广告推广活动使得买家的搜寻活动减少。

证毕。

当不同声誉的卖家同时存在于网上交易市场时，高声誉卖家为了提高其被买家搜寻到的概率，采取广告推广等业务，此时对于不同保留价格的买家而言，卖家的推广活动替代了买家部分需要付出的搜寻活动，买家只需付出较少的搜寻活动就能搜到高声誉卖家。买家为了节约搜寻成本，增加消费剩余，买家采取降低搜寻的投入力度是比较明智的。因为广告推广活动对于两类买家的效果是一样的，故而减少搜寻活动的幅度也一样。这里的结论与 Stigler（1961）、吴德胜和李维安（2008）等关于广告与搜寻活动之间的替代关系的观点是一致的。

那么，广告推广效率的提高（或降低）对两类卖家的定价策略将有何影响呢？下面这个命题将解释这一问题。

命题 8.4 随着广告推广效率的降低（即 l 变大），高声誉卖家产品的定价降低，而低声誉卖家产品的定价升高。

证明：由式（8-8）与式（8-9）两式可知：

$$\frac{\partial p_H^{10*}}{\partial l} = \frac{-2\beta Nm^2(1+\beta) - \beta Nm(q_H - q_L)[(\underline{p} - p_C - d) + \lambda(\overline{p} - \underline{p})]}{(3l\beta Nq_H - m)^2} < 0$$

$$\frac{\partial p_L^{10*}}{\partial l} = \frac{2\beta Nm^2 q_H(1+\beta) + \beta Nmq_H(q_H - q_L)[(\underline{p} - p_C - d) + \lambda(\overline{p} - \underline{p})]}{(3l\beta Nq_H - m)^2 q_L} > 0$$

故 l 增加，p_H^{10*} 减少，p_L^{10*} 增加。

证毕。

由命题 8.1 得知，当 l 增加时，高声誉卖家广告的投入量将会减少，从而利用声誉优势提高产品定价的空间被压缩，因此，高声誉卖家产品的定价随着广告推广效率的降低而降低。但是对于低声誉卖家来说，广告推广效率的降低，削弱了高声誉卖家广告宣传活动的投入量，从而低声誉卖家提高产品的定价对其市场份额的影响较小。

命题 8.5 相比于高声誉卖家未进行广告推广活动，高声誉卖家进行广告推广活动，使得高声誉卖家产品的定价升高、低声誉卖家产品定价降低，即市场均衡时，网上交易市场中价格离散程度加剧。

证明：由式（4-7）、式（4-8）和式（8-8）、式（8-9）显然可得：

$$p_H^{10*} - p_H^{1*} = \frac{2m^2(1+\beta) + \lambda m(q_H-q_L)(\overline{p}-\underline{p}) + m(q_H-q_L)(\underline{p}-p_C-d)}{3q_H(3l\beta Nq_H - m)} > 0$$

$$p_L^{10*} - p_L^{10*} = \frac{-2m^2(1+\beta) - \lambda m(q_H-q_L)(\overline{p}-\underline{p}) - m(q_H-q_L)(\underline{p}-p_C-d)}{3q_L(3l\beta Nq_H - m)} < 0$$

证毕。

与不存在推广活动时相比，高声誉卖家主动进行推广活动提高了其产品价格和其被买家选择的概率，同时也减少了买家付出的搜寻活动，但低声誉卖家的价格不得不下降。虽然高声誉卖家付出了推广费用，但推广活动带来的收益大于推广费用，其收益增加了。低声誉卖家不但价格下降，其被买家选择的概率也降低，所以收益也随之降低了。高声誉卖家的广告推广活动，替代了买家需要付出的部分搜寻活动，相对而言，买家只需要付出比以前较少的搜寻活动就能发现高声誉卖家，因此，买家愿意为高声誉卖家的产品支付较高的价格。同时，低声誉卖家为了能够与高声誉卖家进行竞争，占有一定的市场份额，不得不继续压低产品的价格，最终产品的价格将等于边际成本的价格。此时，网上交易市场中的价格差距被拉大了，即价格离散程度比没有进行广告推广活动时严重了。

三、算例分析

为了清晰地体现广告推广活动对价格离散的影响，在本算例中，分别将第

第八章 广告推广活动对价格离散的影响

四章与本章的相关分析图进行对比性研究。因此假定不同声誉的卖家同时存在于网上交易市场,高声誉卖家选择合作的概率必定高于低声誉卖家选择合作的概率,假定 $q_L=0.7$、$q_H=0.9$。本算例中只讨论高声誉卖家比例 $\beta \geq 0.6875$ 的前提下进行分析(另一种情况类似分析)。一般情况下买家进行搜寻时,由于存在搜寻成本的缘故,搜寻的次数是有限的。在算例中假定卖家数量 $N=50$。此外令高保留价格买家的比例 $\lambda=0.3$,保留价格分别为 $\bar{p}=2.1$、$\underline{p}=1.5$,成本 $p_c=0.4$,卖家选择欺骗时买家获得的效用 $d=0.8$,并且当高声誉卖家进行广告活动时,$l=10$。则通过 MATLAB 软件进行画图分析,得到卖家不进行广告推广活动与进行广告推广活动时,网上交易市场价格离散现象随着买家搜寻效率 m,及高声誉卖家比例 β(由于 MATLAB 中无法标注 β,故在图形中坐标表示为 b)连续变化而变化的趋势,并进行了比较分析。如图 8-1 所示。

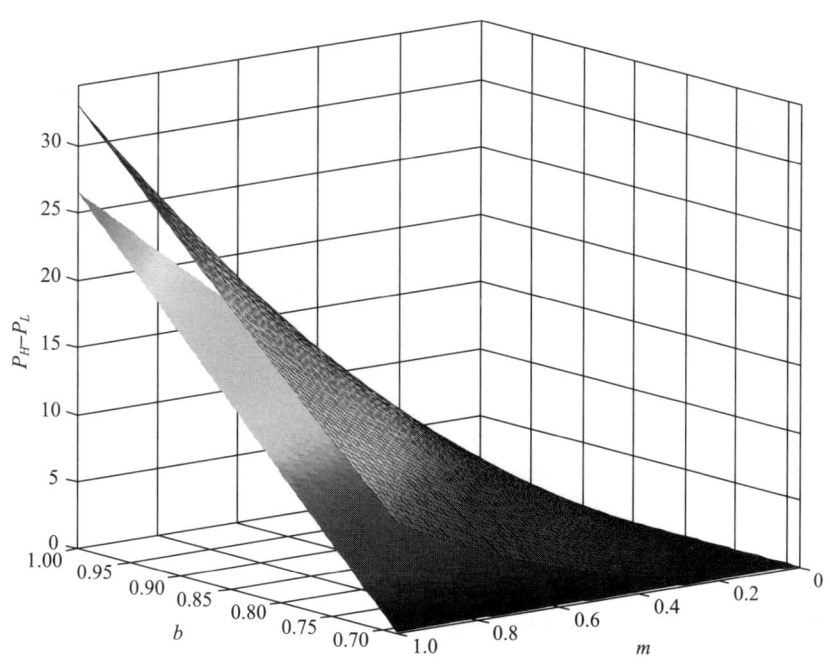

图 8-1 m 与 β 变化时的价格离散变化趋势

其中，阴影图表示未进行广告推广（第四章中均衡结果），网格图表示进行广告推广（第八章第二节中相关结论）。从图 8-1 可以看出，当 $\beta \geq \frac{2q_H - q_L}{q_H + q_L}$ 时，随着买家搜寻效率的提高（即 m 变小），网上交易市场价格离散程度变小；而当买家搜寻效率一定时，随着高声誉卖家比例的升高（即 β 增加），网上交易市场价格离散程度加剧；同时，相比卖家未进行广告推广活动，卖家进行广告推广活动，导致网上交易市场的价格离散现象加剧。此算例所得到的结论与本书中第四章与第八章前半部分模型得到的结论是一致的。

第三节　交叉网络外部性与广告活动对价格离散的影响

为了更好地分析广告推广活动对卖家定价策略、买家搜寻活动以及对价格离散的影响，将第七章中有关价格离散的影响因素引入到广告推广活动对价格离散研究当中，以此来分析复合因素共同作用对价格离散的影响。根据第七章第二节的假设、模型及第八章第二节的假设分析可以得到：

单个买家和单个卖家的效用最大化行为就分别为：

$$\max_s \begin{bmatrix} (\beta + s + \alpha)[q_H(p_R - p_H) + (1 - q_H)d] + (1 - \beta - s - \alpha) \\ [q_L(p_R - p_L) + (1 - q_L)d] + k_H(\beta + s + \alpha)N - k_L(1 - \beta - s - \alpha)N - ms^2 \end{bmatrix}$$

$$s.t. \quad s \geq 0 \quad (8-13)$$

$$\beta + s \leq 1$$

q_H 类型的卖家的最优化问题就为：

$$\max_{p_H, \alpha} \frac{\beta + s + \alpha}{\beta N}(p_H - p_C) - l\alpha^2 \quad (8-14)$$

$$s.t. \quad p_H - p_C \geq 0$$

第八章 广告推广活动对价格离散的影响

q_L 类型的卖家的最优化问题就为：

$$\max_{p_L} \frac{1-\beta-s-\alpha}{(1-\beta)} \frac{1}{N} (p_L - p_C) \tag{8-15}$$

$$s.\,t. \quad p_L - p_C \geqslant 0$$

先不考虑约束条件，求得：

$$s = \frac{q_H(p_R - p_H) + (1-q_H)d - q_L(p_R - p_L) - (1-q_L)d + (k_H + k_L)N}{2m} \tag{8-16}$$

将式（8-16）代入式（8-14）与式（8-15）中得：

$$p_H^{11*} = \frac{2l\beta Nm(1+\beta) + l\beta N(q_H - q_L)(p_R - p_C - d) + l\beta N^2(k_H + k_L)}{3l\beta Nq_H - m} + p_C \tag{8-17}$$

$$p_L^{11*} = \frac{\begin{bmatrix} 2m(2l\beta Nq_H - l\beta^2 Nq_H - m) - l\beta N^2 q_H(k_H + k_L) \\ - l\beta Nq_H(q_H - q_L)(p_R - p_C - d) \end{bmatrix}}{(3l\beta Nq_H - m)q_L} + p_C \tag{8-18}$$

其中，根据假设 $l > \frac{m}{3\beta Nq_H}$，所以 p_H^{11*}、p_L^{11*} 表达式中的分母大于零。

再将式（8-17）与式（8-18）代入式（8-16）中得：

$$s^{4*} = \frac{\begin{bmatrix} (l\beta Nq_H - m)[(q_H - q_L)(p_R - p_C - d) + (k_H + k_L)N] \\ - 4ml\beta Nq_H(1+\beta) \end{bmatrix}}{2m(3l\beta Nq_H - m)} + 1 \tag{8-19}$$

$$\alpha^{2*} = \frac{2m(1+\beta) + (q_H - q_L)(p_R - p_C - d) + N(k_H + k_L)}{2(3l\beta Nq_H - m)} \tag{8-20}$$

与不存在推广活动时相比，高声誉卖家主动进行推广活动提高了其产品价格和其被买家选择的概率，同时也减少了买家付出的搜寻活动，但低声誉卖家的价格不得不下降。虽然高声誉卖家付出了推广费用，但推广活动带来的收益大于推广费用，其收益增加了。低声誉卖家不但价格下降，其被买家选择的概率也降低，所以其收益也随之降低了。

由式（8-19）与式（8-20）两式显然可知，随着广告推广效率的降低（即 l 的增加），高声誉卖家对于广告推广活动的投入将减少，而买家的搜寻活动将会增加。即使是在存在交叉网络外部性的条件下,这些结论与第八章第二节中所得结论仍一致。但是,平台的拥有者应该通过一定的方式方法将广告推广效率提升到一定水平,否则将影响到高声誉卖家进行广告推广的动机,以及买家搜寻活动。由于 s 的取值范围为 $[0,1)$,而由式(8-19)可知,若使得 $s^{4*}<1$ 当且仅当 $(l\beta Nq_H-m)[(q_H-q_L)(p_R-p_C-d)+(k_H+k_L)N]-4ml\beta Nq_H(1+\beta)<0$ 即要求 l 的取值满足 $l<\dfrac{m[(q_H-q_L)(p_R-p_C-d)+(k_H+k_L)N]}{\beta Nq_H[(q_H-q_L)(p_R-p_C-d)+(k_H+k_L)N-4m(1+\beta)]}$,也就是说,广告推广效率不能过低,至少要高于该临界值。

那么,交叉网络外部性的存在对高声誉卖家的广告推广活动有什么影响呢?由式(8-20)显然可得如下结论:

命题8.6 交叉网络外部性的存在使得广告推广活动有所增加。

交叉网络外部性的存在使得买家付出的搜寻活动增加,从而提高了与高声誉卖家交易的概率,此时高声誉卖家更有动力去进行广告宣传,以使得其与买家达成交易的概率进一步提高。从这里可知,尽管这里分析的是单向交叉网络外部性,即卖家给买家带来的网络外部性,实际上单向交叉网络外部性不但对买家的搜寻行为有过影响,而且也对自身的广告推广活动以及定价策略等都有影响。下面来分析一下,在存在单向交叉网络外部性的条件下,广告推广活动对卖家定价及价格离散程度的影响。

由式(7-5)、式(7-6)和式(8-17)、式(8-18)显然可得:

命题8.7 若声誉不同水平的卖家同时存在于网上交易市场,高声誉卖家通过进行广告推广活动可以提高其产品价格,并使得低声誉卖家的产品价格进一步下降,即市场均衡时,价格离散程度加剧。

证明:由式(7-5)、式(7-6)和式(8-17)、式(8-18)可知:

$$p_H^{11*}-p_H^{8*}=\dfrac{2m^2(1+\beta)+m(q_H-q_L)(p_R-p_C-d)+mN(k_H+k_L)}{3q_H(3l\beta Nq_H-m)}>0$$

$$p_L^{8*}-p_L^{11*}=\dfrac{2m^2(1+\beta)+m(q_H-q_L)(p_R-p_C-d)+mN(k_H+k_L)}{3q_L(3l\beta Nq_H-m)}>0$$

证毕。

高声誉卖家的广告推广活动，替代了买家需要付出的部分搜寻活动，相对而言，买家只需要付出比以前较少的搜寻活动就能发现高声誉卖家，因此，买家愿意为高声誉卖家的产品支付较高的价格。同时，低声誉卖家为了能够与高声誉卖家进行竞争，占有一定的市场份额，不得不继续压低产品的价格，最终产品的价格将等于边际成本的价格。此时，网上交易市场中的价格差距被拉大了，即价格离散程度比没有进行广告推广活动时严重了。

高声誉卖家通过进行广告推广活动一方面对其自身进行了宣传，另一方面也借此提高买家搜寻活动的效率，从而改变了不同声誉卖家在市场上的价格制定策略。

命题 8.8 高声誉卖家广告推广活动效率提高（即 l 变小），使得：

（1）当 $m \geqslant \dfrac{\beta N(q_H^2 - q_L^2)(p_R - p_C - d) + \beta N^2(q_H + q_L)(k_H + k_L)}{2[1 + \beta N q_H(2 - \beta) - \beta N q_L(1 + \beta)]}$ 时，网上交易市场中价格离散的程度减小了。

（2）当 $m < \dfrac{\beta N(q_H^2 - q_L^2)(p_R - p_C - d) + \beta N^2(q_H + q_L)(k_H + k_L)}{2[1 + \beta N q_H(2 - \beta) - \beta N q_L(1 + \beta)]}$ 时，网上交易市场中价格离散的程度加剧了。

证明：由式（8-17）和式（8-18）得：

$$p_H^{11*} - p_L^{11*} = \dfrac{2m\begin{bmatrix} l\beta N(q_L - 2q_H) + \\ l\beta^2 N(q_H + q_L) + m \end{bmatrix} + l\beta N\begin{bmatrix} (q_H^2 - q_L^2)(p_R - p_C - d) \\ + N(q_H + q_L)(k_H + k_L) \end{bmatrix}}{(3l\beta N q_H - m)q_L}$$

从而可得，

$$\dfrac{\partial(p_H^{11*} - p_L^{11*})}{\partial l} = \dfrac{2m^2\begin{bmatrix} 1 + \beta N q_H(2 - \beta) \\ - \beta N q_L(1 + \beta) \end{bmatrix} - m\beta N\begin{bmatrix} (q_H^2 - q_L^2)(p_R - p_C - d) \\ + N(q_H + q_L)(k_H + k_L) \end{bmatrix}}{(3l\beta N q_H - m)^2 q_L}$$

当 $m \geqslant \dfrac{\beta N(q_H^2 - q_L^2)(p_R - p_C - d) + \beta N^2(q_H + q_L)(k_H + k_L)}{2[1 + \beta N q_H(2 - \beta) - \beta N q_L(1 + \beta)]}$ 时，$\dfrac{\partial(p_H^{11*} - p_L^{11*})}{\partial l} > 0$。

即高声誉卖家广告推广效率的提高（即 l 变小），降低了高声誉卖家与低声誉卖家之间的价格差异，即网上交易市场中价格离散的程度减小了。

当 $m < \dfrac{\beta N(q_H^2 - q_L^2)(p_R - p_C - d) + \beta N^2(q_H + q_L)(k_H + k_L)}{2[1 + \beta N q_H(2-\beta) - \beta N q_L(1+\beta)]}$ 时，$\dfrac{\partial(p_H^{11*} - p_L^{11*})}{\partial l} < 0$。

即高声誉卖家广告推广效率的提高（即 l 变小），增加了高声誉卖家与低声誉卖家之间的价格差异，即网上交易市场中价格离散的程度加剧了。

证毕。

当高声誉卖家提供的广告推广业务效率提高时，此时买家的搜寻效率也将会提高，买家找到高声誉卖家的概率也因此而增大了，从而买家可以减少搜寻活动，节约了搜寻成本。因此，买家愿意为高声誉卖家的产品支付较高的价格。但当买家的搜寻效率比较低时，相对来说买家搜寻花费的成本较高，而若高声誉卖家投放到网络市场上的广告推广效率较高时，此时从节约广告推广成本的角度考虑，高声誉卖家会减少广告的投入量，对买家来说搜寻到高声誉卖家还是比较困难的，因此买家更多地转向从低声誉卖家那里购买产品，从而增加了对低声誉卖家产品的需求，继而低声誉卖家提高产品的价格，其提升的幅度比高声誉卖家提升价格的幅度大。所以在这种情况下，随着高声誉卖家广告推广活动效率的提高，网上交易市场的价格离散程度降低。当买家的搜寻效率比较高时，相对来说买家搜寻花费的成本较低，当高声誉卖家投放到网络市场上的广告推广效率较高时，此时买家的搜寻效率进一步提升，搜寻成本更低，对于买家来说搜寻到高声誉卖家非常容易，因此，买家会进行更多的搜寻活动，并为高声誉卖家的产品支付较高的价格，从而低声誉卖家为了在市场上生存，不得不采取降价策略。继而两种类型卖家之间的价格差距也不断被拉大，即网上交易市场中的价格离散程度加剧了。

第四节　小结

本书考虑了广告推广活动对市场均衡及价格离散的影响。研究认为，高声誉卖家通过提供广告推广活动提高了买家的搜寻效率,使买家搜寻行为相对有所减少,从而买家更愿意为高声誉卖家支付较高的价格,而低声誉卖家的价格进一步降低,当网上交易市场均衡时,高声誉卖价与低声誉卖家之间的价格差距进一步拉大,即市场均衡价格进一步离散化了。高声誉卖家投入的广告多,买家越容易发现高声誉卖家,投入的广告少,买家越难以发现高声誉卖家。因此买家若想与高声誉卖家交易,不得不付出更多的搜寻活动,以提高与高声誉卖家交易的概率。也就是说,广告推广效率将影响高声誉卖家对广告的投入量,继而影响到买家付出搜寻活动的多少。即随着广告推广效率降低,高声誉卖家对广告的投入量减少,而买家付出的搜寻活动增加,但相比高声誉卖家未进行任何广告推广活动而言,买家的搜寻活动是减少的。但广告推广活动效率的提高,使网上市场的价格离散程度既有加剧的情况又有减少的情况,这取决于买家的搜寻效率是高还是低。

第九章 结论与研究展望

第一节 结论

本书主要以 B2C/C2C 这种典型的网络产业为背景，重点对网上交易市场中基于搜寻理论的价格离散问题进行了理论探讨。本书对以下两个方面的问题从理论上做出了初步回答。一是卖家的声誉差异化对网上交易市场中买家的搜寻行为以及对卖家产品定价的影响，二是探讨了平台收费、买家搜寻效率差异化、交叉网络外部性以及广告推广活动对价格离散的影响。对这两方面问题的回答构成了本书的五个组成部分，它们依次为本书的第四章至第八章。

本书的主要研究内容可归纳如下：

在第四章的理论探讨中，基于吴德胜、李维安（2008）的研究对具有差异化声誉卖家的网上交易市场中卖家定价策略与买家搜寻活动进行了理论探讨，继而分析网上交易市场中市场结构变化的临界条件，以及价格离散现象存在的条件及其程度。在本章中将卖家与买家各分为两类，即高声誉卖家与低声誉卖家、高保留价格的买家与低保留价格的买家，并建立了各自对应的效用函数。进一步，通过相应的分析及最优化求解，寻找各个变量之间的相互影响关系、卖家最优化价值、买家的最优化搜寻活动以及价格离散程度及其变化趋势。

在第五章中,基于双边市场理论,探讨了网上交易平台在网络交易中所扮演的角色以及其行为对卖家定价策略以及买家搜寻活动的影响。网上交易平台不但为卖家提供了销售商品的渠道,而且也为买家提供了购买商品的渠道,也就是说,离开了交易平台一起交易都无法实现,这也足以体现交易平台在网络交易中的重要作用。既然交易平台如此重要,那么其收费行为必将影响到交易双方的交易行为,在本章中分别研究了交易平台对卖家进行收费和买家进行收费时,收费水平对均衡价格和价格离散程度的影响。在收费水平及收费方式方面参考了网络交易市场中目前较为普遍采用的形式,即对卖家收取陈列费和交易提成,对买家收取一定的入场费。

在第六章中分析了买家搜寻效率对买家搜寻活动付出的影响,继而探讨了网上交易市场中价格离散程度的变化。在现实的生活中,买家的搜寻效率是存在差异的,完全一样的买家很难找到,这是由于买家所受的教育状况、网龄、网上购物经验等差异导致的。比如,同样保留价格的买家之间既有搜寻效率高的,也有搜寻效率低的,同样不同保留价格的买家之间也可能存在相同的搜寻效率,因此为了使研究的问题更贴近于现实状况,这里考虑了买家搜寻效率存在差异时,搜寻效率对网上交易市场价格离散的影响。

在第七章中基于 Armstrong(2002)等对交叉网络外部性的刻画,将高声誉卖家给买家带来正的交叉网络外部性、低声誉卖家给买家带来负的交叉网络外部性,以及买家给卖家带来正的网络外部性引入到搜寻模型中。考察了不同交叉网络外部性情况及不同外部性强度情况下卖家的定价策略及买家搜寻活动的变化,并进行了对比分析,进而分析了对网上交易市场中的价格离散程度产生影响。

在第八章中,参考吴德胜、李维安(2008)有关广告活动的理论研究,分析了广告推广活动对网上交易市场中卖家定价及价格离散程度的影响。广告推广活动是需要花费一定成本的,卖家将决定最优的广告推广策略以至获得最大的利润。而广告推广活动将节约买家的搜寻成本，这也将导致买家搜寻行为发生变化。买家搜寻活动的变化也会影响到卖家定价策略的变化，从而影响到价格离散的变化。在本章中建立相关模型并进行求解分析，然后与未进行广告宣传活动时的均衡状态进行对比，以发现广告推广活动在网上交易市场中对价格离散问题产生的影响。

本书的重要结论如下：

（1）卖家的声誉差异是导致网上交易市场价格离散产生的主要原因之一。这是因为当买家搜寻效率相同时，高保留价格的买家具有较高的搜寻动机，而较高的搜寻成本使不同声誉水平的卖家可以同时存在于网上交易市场，低声誉卖家为了同高声誉卖家展开竞争，不得不将其产品的价格降低，而高声誉买家也有抬高产品的动机，从而导致网上交易中产品价格的离散化。

（2）交易平台收费将导致网上交易市场中的价格离散程度降低。这是因为平台收费导致买家减少搜寻活动，使网上交易市场中的信息不透明度增加。同时，交易平台仅对卖家收费时，卖家为了转嫁成本均提高定价，但低声誉卖家提高定价的幅度要高于高声誉卖家提高定价的幅度，从而网上交易市场中价格离散程度降低。当交易平台对卖家和买家同时收费时，高声誉卖家的定价降低，低声誉卖家的定价提高，市场均衡时，价格离散程度进一步降低。

（3）买家搜寻效率的提高会导致网上交易市场的价格离散程度降低。这是因为买家搜寻效率的提高将会增加买家付出的搜寻活动，从而导致卖家定价的下降，但高声誉卖家降价的幅度要高于低声誉卖家降价的幅度，即此时网上交易市场中的价格离散程度降低。

（4）交叉网络外部性越强，网上交易市场中价格离散程度越高。这是因为交叉网络外部性增强使得买家付出的搜寻活动越多，进而导致市场上信息的透明度增强，因此高声誉卖家可以利用声誉优势提高定价，而低声誉卖家为了同高声誉卖家竞争，不得不降低产品的定价，导致网上交易的产品价格的离散程度加剧。

（5）高声誉卖家通过进行广告推广活动会增加网上交易市场中的价格离

散程度。这是因为广告推广活动使得买家的搜寻活动都有所降低。而高声誉卖家产品的定价提高，同时低声誉卖家的产品定价降低，即此时价格离散程度加剧。

本书的一般性结论主要体现在两方面：一方面，网络平台对卖家收取的陈列费与交易金额提成比例呈反向变化，即一个升高，则另一个降低，这是符合现在有关收费的现实情况的。另一方面，交叉网络外部性的存在使得两类买家搜寻活动增加份额幅度相同。

第二节 创新点

本书在国内外已有的研究成果基础上，立足于中国的 B2C/C2C 这种典型的网络产业为背景，基于问题导向和理论探索相结合的研究视角，在把握我国网上交易市场的市场结构与产品和服务特征的基础上，引入搜寻理论、双边市场理论、网络外部性理论，以及新兴的产业组织研究工具，重点对网上交易市场中基于搜寻理论的价格离散问题进行了理论探讨。本书的主要创新点如下：

（1）基于双边市场研究理论，本书将网上交易市场中的交易平台纳入到对价格离散问题的分析中，探讨了网上交易平台在网络交易中所扮演的角色以及其行为对卖家定价策略以及买家搜寻活动的影响。网上交易平台不但为卖家提供了销售商品的渠道，而且也为买家提供了购买商品的渠道，也就是说，离开了交易平台一起交易都无法实现，这也足以体现交易平台在网络交易中的重要作用。既然交易平台如此重要，那么其收费行为必将影响到交易双方的交易行为，继而对价格离散程度产生影响。因此，研究得到了一些有关网上交易市场价格离散问题的研究中得到的结论，而且这些结论也对网络平台的运营商提供了一定的借鉴意义。

（2）在现实的生活中，买家由于受收入水平、教育状况、网龄、网上购物经验等差异的影响,完全一样的买家很难找到。比如,同样保留价格的买家之间既有搜寻效率高的,也有搜寻效率低的,同样不同保留价格的买家之间也可能存在相同的搜寻效率。因此,为了使研究的问题更贴近于现实状况,本书尝试性地将买家类型进行了划分,并基于搜寻理论,分析了买家保留价格存在差异,以及搜寻效率存在差异时,买家搜寻行为的变化,继而探讨了网上交易市场中价格离散程度的变化。通过对该问题的考虑,使得研究结论相比以往研究的结论更加丰富。

(3) 基于 Armstrong (2002) 等对交叉网络外部性的刻画,将高声誉卖家给买家带来正的交叉网络外部性、低声誉卖家给买家带来负的交叉网络外部性,以及买家给卖家带来正的网络外部性引入到搜寻模型中。考察了不同交叉网络外部性情况及不同外部性强度情况下卖家的定价策略及买家搜寻活动的变化,并进行了对比分析,进而分析了对网上交易市场中的价格离散程度产生的影响。这一研究视角是以往对价格离散问题的研究不曾考虑的,尽管在模型的设计方面还有待斟酌,但为后续研究指出了方向。

(4) 在考虑广告推广活动对网上交易市场中卖家定价及价格离散程度的影响的同时,尝试性地考虑了交叉因素之间的相互作用。通过国内外大量有关价格离散问题的研究发现,对价格离散程度的影响因素很多,但是大多只研究了单一因素对价格离散的影响,而将多因素同时纳入到一个模型中考虑的研究并不多见,为了发现各因素间的相互影响,我们在本书的模型中做了一点尝试,将对价格离散程度影响的几个因素融入到统一模型中,使得研究的结论比较丰富且比较贴近现实。

第三节 研究展望

虽然本书从多方面对网上交易市场中,买家搜寻行为、卖家定价策略以及价格离散程度进行了深入分析研究，但由于时间等方面的问题，仍然留下一些值得研究而未能研究的问题。在本书研究的基础上，在此仅提出几个相对比较重要的研究问题以供参考。

（1）本书中研究了买家搜寻活动在不同情况下发生的变化，但是考虑得还不够全面。第四章就买家比例的变化也会影响到买家搜寻活动进行的多少，然而对于保留价格与搜寻效率同时存在差异时，买家比例变化对于所有买家搜寻活动有何影响并没有考虑。因此，这一局限导致本书无法更好地分析消费者搜寻行为对价格离散问题的全面研究，如果将该问题在现有模型的基础上进行一定的分析，那么会使得模型在结论上更加丰富。在未来的研究中，可以对买家搜寻行为进行更加深入、全面的研究，从而能够更全面地认识买家搜寻行为对价格离散问题的影响。

（2）在研究交叉网络外部性的时候，在本书的模型中没有考虑自网络外部性这一问题。在本书的研究中发现，买家比例的变化会导致买家搜寻活动发生变化，对于该问题的解释还是不够全面的。如果将自网络外部性引入到模型的分析中，会对该问题有更深刻的解释，而且能使得模型设置更加全面合理。

（3）在考虑广告推广活动时，本书只考虑了高声誉卖家进行广告推广活动，而在现实的网络交易中，低声誉卖家同样可以进行广告推广活动。尽管一般情况下高声誉卖家会比低声誉卖家进行更多的广告推广活动，但是如果低声誉卖家参与到广告资源的竞价中，将使得平台对广告的收费定价产生一定的影响。况且，由于本书没有将低声誉卖家的广告推广活动纳入到模型的分析中，本书也无法得知低声誉卖家在广告投入量上与高声誉卖家之间的差异有多少。因此，这就为未来的研究提供了思路，未来应该将该问题的讨论一般化，而非仅限于对高声誉卖家广告推广活动的分析，同时也应该将卖家对广告的竞价问题纳入到模型的分析中，这样不但会对卖家的定价策略产生影响，而且会对网络平台的收费等问题产生一定的影响。

（4）多因素交互作用对买家搜寻行为、卖家定价策略，以及均衡结果产生的影响问题。在本书中，主要分析每一个影响因素对网上交易市场中价格离散程度影响的问题,尽管在第八章中对部分两因素之间的交互作用的影响进行了尝试研究,但对于多个因素之间的交互作用对价格离散影响的问题并没有做出明确分析,这却使得本书无法通过模型预测在这些因素的交互作用下买家搜寻行为的变化,卖家定价策略的选择,以及市场均衡时价格离散程度的大小。尽管多因素交互分析具有一定的难度,但具有一定的研究价值。

(5)没有考虑多期重复交易问题。在本书的研究中,只考虑卖家与买家的一次性交易行为,而未将动态研究纳入到模型的分析中,这显然在一定程度上与网上交易市场中的现实不符,这样的假设简化了理论分析,但却使得对研究问题的分析不够全面完整。而且,由于缺少动态的研究,在分析交叉网络外部性这一问题时,本书无法对双边用户数量的动态影响加以分析。因此,对动态重复交易问题的研究具有很高的理论意义与现实价值。

(6)在本书中尽管给出了几个算例,但并没有进行实证研究。虽然本书进行了多个算例的分析研究,并且算例的结果与理论分析的结果比较一致,但这仍然不足以反映真实的情况,而且在现实中网上交易市场中卖家的行为更加复杂,因此隐藏在现象后面的问题并非想象的那么简单。只有通过对网上交易市场中的数据加以收集、整理、分析,才能发现更多的问题,使得对该问题的研究更加全面。

参考文献

[1] Ambrus A., Argenziano R., 2003. "Pricing on Markets with Network Externalities and Coalitionally Rational Consumers," *Working paper*, Harvard University.

[2] Ancarani, F., Shankar, V., 2004. "Price Levels and Price Dispersion Within and Across Multiple Retailer Types: Further Evidence and Extension," *Journal of the Academy of Marketing Science*, 32 (2), pp. 176 – 187.

[3] Ansari, A., Economides, N., Steckel, J., 1998. "The Max – Min – Min Principle of Product Differentiation," *Journal of Regional Science*, 38 (2), pp. 207 – 230.

[4] Armstrong, M., 2002. "The Theory of Access Pricing and Interconnection," In M. Cave, S. Majumdar, and I. Vogelsang, eds., *Handbook of Telecommunications Economics*, Vol. I. Amsterdam: North – Holland.

[5] Armstrong, M., 2006. "Competition in Two Sided Markets," *RAND Journal of Economics*, 37 (3), pp. 668 – 691.

[6] Armstrong, M., Vickers, J., 2010. "Competitive Nonlinear Pricing and Bundling," *Review of Economic Studies*, 77 (1), pp. 30 – 60.

[7] Armstrong, M., Vickers, J., Zhou, J., 2009. "Prominence and Consumer Search," *Rand Journal of Economics*, 40 (2), pp. 209 – 233.

[8] Amstrong, M., Wright, J., 2004. "Two – Sided Markets, Competitive

Bottlenecks and Exclusive Contracts," *Mimeo*, University College, London, and National University of Singapore.

[9] Armstrong, M., Zhou, J., 2010. "Conditioning prices on search behavior," *ESRC Centre for Economic Learning and Social Evolution: London, UK*, Working Papers 351.

[10] Ba, S., Pavlou, P., 2002. "Evidence of the Effect of Trust Building Technology in Electronic Markets: Price Premiums and Buyer Behavior," *MIS Quarterly*, 26 (3), pp. 243 – 268.

[11] Bailey, J., 1998. "Electronic Commerce: Prices and Consumer Issues for Three Products: Books, Compact Discs, and Software," *Organization for Economic Cooperation and Development*, OECD/GD 98 (4).

[12] Bakos, J. Y., 1997. "Reducing Buyer Search Costs: Implications for Electronic Marketplaces," *Management Science*, 43 (12), pp. 1676 – 1692.

[13] Balasubramanian, S., 1998. "Mail versus Mall: A Strategic Analysis of Competition between Direct Marketers and Conventional Retailers," *Marketing Science*, 17 (3), pp. 181 – 195.

[14] Baron, D., 2002. "Private Ordering on the Internet: The eBay Community of Traders," *Business and Politics*, 4 (3), pp. 245 – 274.

[15] Baxter, W. F., 1983. "Bank Interchange of Transactional Paper: Legal and Economic Perspectives," *Journal of Law & Economics*, 26, pp. 541 – 588.

[16] Baye, M. R., Morgan, J., 2001a. "Information Gatekeepers on the Internet and the Competitiveness of Homogeneous Product Markets," *American Economic Review*, 91 (3), pp. 454 – 474.

[17] Baye, M. R., Morgan, J., 2001b. "Price Dispersion in the Lab and on the Internet: Theory and Evidence," *Working Paper*, Indiana University.

[18] Baye, M. R., Morgan, J., 2002. "Information Gatekeepers and Price Discrimination on the Internet," *Economics Letters*, 76 (1), pp. 47 – 51.

[19] Baye, M. R., Morgan, J., Scholten, P., 2003. "The Value of Information in an Online Consumer Market," *Journal of Public Policy and Marketing*, 22 (1), pp. 17-25.

[20] Baye, M. R., Morgan, J., Scholten, P., 2004. "Temporal Price Dispersion: Evidence from an On-Line Consumer Electronics Market," *Journal of Interactive Marketing*, 18 (4), pp. 101-115.

[21] Baylis, K., Perloff, J. M., 2002. "Price Dispersion on the Internet: Good Firms and Bad Firms," *Review of Industry Organization*, 21 (3), pp. 305-324.

[22] Benham, L., 1972. "The Effect of Advertising on the Price of Eyeglasses," *Journal of Law and Economics*, 15 (2), pp. 337-352.

[23] Berry, L. L., Seiders, K., Grewal, D., 2002. "Understanding Service Convenience," *Journal of Marketing*, 66 (3), pp. 1-17.

[24] Bikchandani, S., and Ostroy, J. M., 2002. "The package assignment model," *Journal of Economic Theory*, 107: 377-406.

[25] Biswas, A., Dutta, S., Pulig, C., 2006. "Low Price Guarantees as Signals of Lowest Price: The Moderating Role of Perceived Price Dispersion," *Journal of Retailing*, 82 (3), pp. 245-257.

[26] Bolt, W., Tieman, A. F., 2004a. "Skewed Pricing in Two-Sided Markets: An IO Approach," *DNB Working Paper* 13, October.

[27] Bolton, G. E., Katok, E., Ockenfels, A., 2003. "How Effective are Online Reputation Mechanisms? An Experimental Investigation," *Working Paper*, Max Planck Institute for Research into Economic Systems, Jena, Germany.

[28] Brown, J. R., Goolsbee, A., 2002. "Does the Internet Make Markets More Competitive? Evidence from the Life Insurance Industry," *Journal of Political Economy*, 110 (3), pp. 481-507.

[29] Brynjolfsson, E., Smith, M. D., 2000. "Frictionless Commerce? A

Comparison of Internet and Conventional Retailers," *Management Science*, 46 (4), pp. 563 – 585.

[30] Burdett, K., Judd, K., 1983. "Equilibrium Price Dispersion," *Econometrica*, 51, pp. 955 – 969.

[31] Butters, G. R., 1977. "Equilibrium Distributions of Sales and Advertising Prices," *Review of Economic Studies*, 44 (3), pp. 465 – 491.

[32] Cabral, L., Hortacsu, A., 2003. "Dynamics of Seller Reputation: Theory and Evidence from eBay," *mimeo*.

[33] Cady, J., 1976. "An Estimate of the Price Effects of Restrictions on Drug Price Advertising," Economic Inquiry, 14 (4), pp. 493 – 510.

[34] Caillaud, B., Jullien, B., 2003. "Chicken & Egg: Competition among Intermediation Service Providers," *Rand Journal of Economics*, 24, pp. 309 – 328.

[35] Call Center Statistics, 2002, Silver Lake Publishing, LLC. Retrieved from http://www.callcenternews.com/resources/stats_misc.shtml.

[36] Carlson, J., McAfee, P., 1983. "Discrete Equilibrium Price Dispersion," *Journal of Political Economy*, 91 (3), pp. 480 – 493.

[37] Chakravorti, S., Roson, R., 2004. "Platform Competition in Two – Sided Markets: The Case of Payment Networks," *Federal Reserve Bank of Chicago Emerging Payments Occasional Paper Series*, 09.

[38] Chow, G. C., 1960. "Tests of Equality between Sets of Coefficients in Two Linear Regressions," *Econometrica*, 28, pp. 591 – 605.

[39] Clarke, E. H., 1971. "Multipart Pricing of Public Goods," *Public Choice*, 6 (11).

[40] Clay, K. B., Krishnan, R., Wolff, E., 2001. "Prices and Price Dispersion on the Web: Evidence from the Online Book Industry," *Journal of Industrial Economics*, Blackwell Publishing, 49 (4), pp. 521 – 539.

[41] Clay, K. B., Krishnan, R., Wolff, E., Fernandes, D. F., 2002. "Re-

tail Strategies on the Web: Price and Non – Price Competition in the Online Book Industry," *Journal of Industrial Economics*, 50 (3), pp. 351 – 367.

[42] Clemons, E., Hann, I., Hitt, L., 2002. "Price Dispersion and Differentiation in Online Travel: An Empirical Investigation," *Management Science*, 48 (4), pp. 534 – 549.

[43] Cohen, M., 1998. "Linking Price Dispersion to Product Differentiation – Incorporate Aspects of Customer Involvement," *Applied Economics*, 30, pp. 829 – 835.

[44] Daft, R. L., Lengel, R. H., 1986. "Organizational Information Requirements, Media Richness and Structural Design," *Management Science*, 32 (5), pp. 554 – 571.

[45] Dahlby, B., West, D., 1986. "Price Dispersion in an Automobile Insurance Market," *Journal of Political Economy*, 94 (2), pp. 418 – 438.

[46] Dana, J., 1999. "Equilibrium Price Dispersion Under Demand Uncertainty: The Role of Costly Capacity and Market Structure," *Rand Jornal of Economics*, 30 (4), pp. 632 – 660.

[47] De los Santos, B., 2008. "Consumer Search on the Internet," *NET Institute Working Paper*, pp. 8 – 15.

[48] Dellarocas, C., 2003. "The Digitization of Word – of – Mouth: Promise and Challenges of Online Reputation Mechanisms," *Management Science*, 49 (10), pp. 1407 – 1424.

[49] Devine, D., Marion, B., 1979. "The Influence of Consumer Price Information on Retail Pricing and Consumer Behavior," *American Journal of Agricultural Economics*, 61 (2), pp. 228 – 237.

[50] Dewan, S., Hsu, V., 2004. "Adverse Selection in Electronic Markets: Evidence from Online Stamp Auctions," *Journal of Industrial Economics*, 52 (4), pp. 497 – 516.

[51] Diamond, P., 1971. "A Model of Price Adjustment," *Journal of Economic Theory*, 3 (2), pp. 156 – 168.

[52] Druehl, C., Porteus, E., 2001. "Price Competition between an Internet Firm and a Bricks and Mortar Firm," *Working Paper*, Stanford University.

[53] Du, N., 2004. "Does Higher Search Cost Lead to Higher Price? A Price Comparison between Online and Retail Bookstores," *Working Paper*, Shanghai University of Finance and Economics.

[54] Economides, N., 1989. "Quality Variations and Maximal Variety Differentiation," *Regional Science and Urban Economics*, 19 (1), pp. 21 – 29.

[55] Economides, N., 1993. "Quality Variations in the Circular Model of Differentiated Products," *Regional Science and Urban Economics*, 23 (2), pp. 235 – 257.

[56] Economides, N., 1995. "Network Externalities, Complementarities, and Invitation to Enter," *The European Journal of Political Economy on the Economics of Standardization*.

[57] Economides, N., 1996. "The Economics of Networks," *International Journal of Industrial Organization*, 14, pp. 673 – 699.

[58] Ellison, G., Levy, M., 2009. "Search, Obfuscation, and Price Elasticities on the Internet," *Econometrica*, 77 (2), pp. 427 – 452.

[59] Ellison, G., Wolitzky, A., 2008. "A Search Cost Model of Obfuscation," *mimeo*, MIT.

[60] Evans, D., 2003. "The Antitrust Economics of Multi – Sided Platform Markets," *Yale Journal on Regulation*, 20, pp. 325 – 382.

[61] Evans, D. S., Richard S., 2005. "The Economics of Interchange Fees and Their Regulation: An Overview," *Paper Presented at a Conference Interchange Fees in Credit and Debit Card Industries: What Role for Public Authorities?* Federal Reserve Bank of Kansas City, Santa Fe, New Mexico, May 4 – 6.

[62] Farrell, J., Saloner, G., 1985. "Standardization, Compatibility, and Innovation," *The RAND Journal of Economics*, 16, pp. 70 – 83.

[63] Farrell, J., Saloner, G., 1986a. "Installed Base and Compatibility: Innovation, Product Preannouncements, and Predation," *American Economic Review*, 76, pp. 940 – 955.

[64] Farrell, J., Saloner, G., 1986b. "Standardization and Variety," *Economics Letters*, 20, pp. 71 – 74.

[65] Farrell, J., Saloner, G., 1988. "Coordination Through Committees and Markets," *The RAND Journal of Economics*, 19, pp. 235 – 252.

[66] Feldman, R., Begun, J., 1978. "The Effects of Advertising Lessons from Optometry," *Journal of Human Resources*, 13, Supplement: NBER Conference on the Economics of Physician and Patient Behavior, pp. 247 – 262.

[67] Feldman, R., Begun, J., 1980. "Does Advertising of Prices Reduce the Mean and Variance of Prices?" *Economic Inquiry*, 18 (3), pp. 487 – 492.

[68] Gabszewicz, J. J., Wauthy, X. Y., 2004. "Two – Sided Markets and Price Competition with Multi – homing," *Mimeo*, CORE, Louvain – la – Neuve University.

[69] Gallien, J., Wein, L. M., 2000. "Design and Analysis of a Smart Market for Industrial Procurement," *Technical Report*, Operations Research Center, MIT, Cambridge, MA.

[70] Gans, J. S., King, S. P., 2003. "The Neutrality of the Interchange Fees in the Payment System," *Topics in Economic Analysis & Politics*, 3, article 1.

[71] Glazer, A., 1981. "Advertising, Information, and Prices: A Case Study," *Economic Inquiry*, 19 (4), pp. 661 – 671.

[72] Goolsbee, A., 2001. "Competition in the Computer Industry: Online Versus Retail," *Journal of Industrial Economics*, 49 (4), pp. 487 – 500.

[73] Gresham, L. G., Shimp, T. A., 1985. "Attitude toward the advertise-

ment and brand attitudes: A classical conditioning perspective," *Journal of Advertising*, 14 (1), pp. 10 – 17.

[74] Grewal, D., Levy, M., 2009. "Emerging Issues in Retailing Research," *Journal of Retailing*, 85 (4), pp. 522 – 526.

[75] Grewal, D., Marmorstein, H., 1994. "Market Price Variation, Perceived Price Variation, and Consumers' Price Search Decisions," *Journal of Consumer Research*, 21, pp. 453 – 460.

[76] Groves, T., 1973. "Incentives in Teams," *Econometrica*, 41 (4).

[77] Grover, V., Lim, J., Ayyagari, R., 2006. "The Dark Side of Information and Market Efficiency in E – markets," *Decision Sciences*, 37 (3), pp. 297 – 324.

[78] Hagiu, A., 2004. "Spatial Competition with Demand for More than One Variety," *From His MIT PhD Dissertation.*

[79] Hagiu, A., 2006b. "Pricing and Commitment by Two – Sided Platforms," *The RAND Journal of Economics*, 37 (3).

[80] Harrington, J. E., Leahey, M. F., 2007. "Equilibrium Pricing in a (Partial) Search Market: The Shopbot Paradox," *Economics Letters*, 94 (1), pp. 111 – 117.

[81] Haynes, M., Thompson, S., 2008. "Price, Price Dispersion and Number of Sellers at a Low Cost Entry Shopbot," *Internatinal Journal of Industrial Organization*, 26 (2), pp. 459 – 472.

[82] Houser, D., Wooders, J., 2006. "Reputation in Auctions: Theory, and Evidence From eBay," *Journal of Economics & Management Strategy*, 15 (2), pp. 353 – 369.

[83] Janssen, M., Parakhonyak, A., 2008. "Consumer Search with Costly Recall," *mimeo.*

[84] Jin, G. Z., Kato, A., 2002. "Blind Trust Online: Experimental Evi-

dence from Baseball Cards," *Working Paper*, University of Maryland.

[85] Johnson, E. J., Moe, W. W., Fader, P. S., Bellman, S., Lohse, G. L., 2004. "On the Depth and Dynamics of Consumer Search Behavior," *Management Science*, 50 (3), pp. 299 – 308.

[86] Kaiser, U., Wright, J., 2004. "Price Structure in Two – sided Markets: Evidence from the Magazine Industry," *mimeo*, University of Southern Denmark at Odense.

[87] Katz, M. L., Shapiro, C., 1985. "Network Externalities, Competition, and Compatibility," *American Economic Review*, 75, pp. 424 – 440.

[88] Katz, M. L., Shapiro, C., 1986. "Technology Adoption in the Presence of Network Externalities," *Journal of Political Economy*, 94, pp. 822 – 841.

[89] Kujala, J., Johnson, M., 1993. "Price Knowledge and Search Behavior for Habitual, Low Involvement Food Purchase," *Journal of Economic Psychology*, 14 (2), pp. 249 – 265.

[90] Kwoka, J., 1984. "Advertising and the Price and Quality of Optometric Services," *American Economic Review*, 74 (1), pp. 211 – 216.

[91] Lal, R., Sarvary, M., 1999. "When and How is the Internet Likely to Decrease Price Competition?" *Marketing Science*, 18 (4), pp. 485 – 503.

[92] Livingston, J., 2005. "How Valuable Is A Good Reputation? A Sample Selection Model of Internet Auctions," *Review of Economics and Statistics*, 87 (3), pp. 453 – 465.

[93] MacMinn, R. D., 1980. "Search and Market Equilibrium," *Journal of Political Economy*, 88 (2), pp. 309 – 327.

[94] Manenti, F., Somma, E., 2002. "Plastic Clashes: Competition Among Closed and Open Systems in the Credi Card Industry," *mimeo*.

[95] McCall, J. J., 1970. "Economics of Information and Job Search," *Quarterly Journal of Economics*, 84 (1), pp. 113 – 126.

[96] McDonald, C., Slawson, V. J., 2002. "Reputation in and Internet Auction Market," *Economics Inquiry*, 40 (3), pp. 633 – 650.

[97] Melnik, M., Alm, J., 2002. "Does A Seller's Reputation Matter? Evidence from eBay Auctions," *Journal of Industrial Economics*, 50 (3), pp. 337 – 349.

[98] Messmer, E., 2001. "Online Retailers Plan New Projects for Coming Year," *Network World*, 18 (4), pp. 10 – 11.

[99] Milyo, J., Waldfogel, J., 1999. "The Effect of Price Advertising on Prices: Evidence in the Wake of 44 Liquormart," *American Economic Review*, 89 (5), pp. 1081 – 1096.

[100] Mitchell, W., Sorensen, R., 1986. "Pricing, Price Dispersion, and Information: The Discount Brokerage Industry," *Journal of Economics and Business*, 38 (4), pp. 273 – 282.

[101] Mitra, D., Fay, S., 2010. "Managing Service Expectations in Online Markets: A Signaling Theory of E – Tailer Pricing and Empirical Tests," *Journal of Retailing*, 86 (2), pp. 184 – 199.

[102] Morton, F. S., Risso, J. S., Zettelmeyer, F., 2001. "Internet Car Retailing," *Journal of Industrial Economics*, 49 (4), pp. 501 – 519.

[103] Mudambi, S. M., Schuff, D., 2010. "What Markets a Helpful Online Review? A Study of Customer Reviews on amazon. com," *MIS Quarterly*, 34 (1), pp. 185 – 200.

[104] Neil G., 1995. "Competing Compatibility Standards and Network Externalities in the PC Software Market," *The Review of Economics and Statistics*, 77 (4), pp. 599 – 608.

[105] Neven, D., Thisse, J. F., 1990. "On Quality and Variety Competition," In J. J. Gavszwicz, J. F. Richard, and L. A. Wolsey (Eds.), *Economics Decision Making: Games, Econometrics and Optimization*, Amsterdam: North – Holland,

pp. 175 – 199.

[106] Pan, X., Ratchford, B., Shankar, V., 2002. "Can Price Dispersion in Online Markets Be Explained by Differences in E – tailer Service Quality?" *Journal of the Academy of Marketing Science*, 30 (4), pp. 429 – 441.

[107] Pan, X., Ratchford, B., Shankar, V., 2003. "The Evolution of Price Dispersion in Internet Retail Markets," *Advances in Applied Microeconomics: Organizing the New Industrial Economy*, 12, pp. 85 – 105.

[108] Pan, X., Ratchford, B., Shankar, V., 2004. "Price Dispersion on the Internet: A Review and Directions for Future Research," *Journal of Interactive Marketing*, 18 (4), pp. 116 – 135.

[109] Pan, X., Ratchford, B., Shankar, V., 2009. "Drivers of Price Dispersion among e – Tailers during the Boom, Shakeout, Restructuring, and Mature Periods of e – Commerce," *Working Paper*, Indiana University, Bloomington, 47405.

[110] Parkes, D. C., Kalagnanam, J., Marta E., 2001. "Achieving Budget – balance with Vickrey – based Payment Schemes in Combinatorial Exchanges," *Technical Report RC 22218 W0110 – 065 IBM Research Report*.

[111] Pavlou, P., Dimoka, A., 2006. "The Nature and Role of Feedback Text Comments in Online Marketplaces: Implications for Trust Building, Price Premiums, and Seller Differentiation," *Information Systems Research*, 17 (4), pp. 392 – 414.

[112] Pratt, J., Wise, D., Zeckhauser, R., 1979. "Price Differences in Almost Competitive Markets," *Quarterly Journal of Economics*, 93, pp. 189 – 211.

[113] Pravin Kumar, M., 2001. "Private E – marketplace for Procurement: Architecture and Algorithms," *Technical Report M E Project Report*, Dept. of Computer Science & Automation, Indian Institute of Science, Bangalore.

[114] Ratchford, B., Pan, X., Shankar, V., 2003. "On the Efficiency of Internet Markets for Consumer Goods," *Jounal of Public Policy and Marketing*, 22

(1), pp. 4 –16.

[115] Resnick, P., Zeckhauser, R., 2002. "Trust among Strangers in Internet Transactions: Empirical Analysis of eBay's Reputation System," *in Baye, M. (ed.), The Economics of the Internet and Ecommerce: Advances in Applied Microeconomics*, 11, Greenwich, CT: JAI Press.

[116] Resnick, P., Zeckhauser, R., Swanson, J., Lockwood, K., 2003. "The Value of Reputation on eBay: A Controlled Experiment," *Working Paper*, Harvard Kennedy School.

[117] Reynolds, S., Wooders, J., 2009. "Auctions with a Buy Price," *Economic Theory*, 38 (1), pp. 9 –39.

[118] Robert, J., Dale O. S., 1993. "Informative Price Advertising in a Sequential Search Model," *Econometrica*, 61 (3), pp. 657 –686.

[119] Rochet, J., Tirole, J., 2002. "Cooperation among Competitors: The Economics of Payment Card Associations," *Rand Journal of Economics*, 33, pp. 549 –570.

[120] Rochet, J., Tirole, J., 2003. "Platform Competition in Two –Sided Markets," *Journal of European Economic Association*, 1, pp. 990 –1029.

[121] Rochet, J., Tirole, J., 2003. "Tying in Two –Sided Markets and The Impact of the Honor All Cards Rule," *Mimeo*, IDEI University of Toulouse.

[122] Rochet, J., Tirole, J., 2004a. "Defining Two –Sided Markets," *Mimeo*, IDEI University of Toulouse.

[123] Rochet, J., Tirole, J., 2004b. "Two –Sided Markets: An Overview," *Mimeo*, IDEI University of Toulouse.

[124] Rohlfs, J., 1974. "A Theory of Interdependent Demand for a Communications Service," *Bell Journal of Economics*, 5 (1), pp. 16 –37.

[125] Roson, R., 2004. "Auctions in a Two –Sided Network: The Market for Meal Voucher Services," *Working Paper*, Università Ca' Foscari di Venezia.

[126] Roson, R., 2005. "Platform Competition with Endogenous Multi-Homing," *FEEM Working Paper*, No. 20.05.

[127] Rysman, M., 2004. "Competition between Networks: A Study of the Market for Yellow Pages," *Review of Economic Studies*, 71 (2), pp. 483–512.

[128] Salop, S., Joseph S., 1977. "Bargains and Ripoffs: A Model of Monopolistically Competitive Price Dispersion," *Review of Economic Studies*, 44 (3), pp. 493–510.

[129] Salop, S., Stiglitz, J., 1982. "The Theory of Sales: A Simple Model of Equilibrium Price Dispersion with Identical Agents," *The American Economic Review*, 72, pp. 1121–1130.

[130] Schiff, A., 2003. "Open and Closed Systems of Two Sided Networks," *Information, Economics and Policy*, 15, pp. 425–442.

[131] Schmalensee, R., 2002. "Payment Systems and Interchange Fees," *Journal of Industrial Economics*, 50, pp. 103–122.

[132] Shaked, A., Sutton, J., 1981. "Heterogeneous Consumers and Product Differentiation in a Market for Professional Services," *European Economic Review*, 15 (2), pp. 159–177.

[133] Smith, T., Sandholm, T., Simmons, R., 2002. "Constructing and Clearing Combinatorial Exchanges Using Preference Elicitation," *In Proceedings of National Conference on Artificial Intelligence* (AAAI-02).

[134] Sorensen, A., 2000. "Equilibrium Price Dispersion in Retail Markets for Prescription Drugs," *Journal of Political Economy*, 108 (4), pp. 833–850.

[135] Stahl, D. O., 1989. "Oligopolistic Pricing with Sequential Consumer Search," *American Economic Review*, 79 (4), pp. 700–712.

[136] Stahl, D. O., 1996. "Oligopolistic Pricing with Heterogeneous Consumer Search," *International Journal of Industrial Organization*, 14 (2), pp. 243–268.

[137] Stigler, G., 1961. "The Economics of Information," *Journal of Political Economy*, 69 (3), pp. 213 – 225.

[138] Tang, F., Xing, X., 2001. "Will the Growth of Multi – Channel Retailing Diminish the Pricing Efficiency of the Web?" *Journal of Retailing*, 77, pp. 319 – 333.

[139] Broadband Commission for Sustainable Development, 2018. "The State of Broadband: Broadband catalyzing sustainable development September 2017".

[140] Vandenbosch, M., Weinberg, C., 1995. "Product and Price Competition in a Two Dimensional Vertical Differentiation Model," *Marketing Science*, 14 (2), pp. 224 – 249.

[141] We are Social & Hootsuite, 2018. "Digital in 2017 Global Overview".

[142] Wilde, L. L., Alan S., 1979. "Equilibrium Comparison Shopping," *Review of Economic Studies*, 46 (3), pp. 543 – 553.

[143] Wright, J., 2003a. "Optimal Card Payment Systems," *European Economic Review*, 47, pp. 587 – 612.

[144] Wright, J., 2003b. "Pricing in Debit and Credit Card Schemes," *Economics Letters*, 80, pp. 305 – 309.

[145] Wright, J., 2004. "The Determinants of Optimal Interchange Fees in Payment Systems," *Journal of Industrial Economics*, 52, pp. 1 – 26.

[146] Zettelmeyer, F., 2000. "Expanding to the Internet: Pricing and Communication Strategies When Firms Compete on Multiple Channels," *Journal of Marketing Research*, 37 (3), pp. 292 – 308.

[147] 艾瑞市场咨询公司, 2006. 2005 年中国网上购物报告.

[148] 艾瑞市场咨询公司, 2007. 2006 年中国网上购物报告.

[149] 艾瑞市场咨询公司, 2009. 2007～2008 年中国网络购物发展报告.

[150] 艾瑞市场咨询公司, 2017. 2016 年中国电商报告.

[151] 陈宏民, 胥莉, 2007. 双边市场——企业竞争环境的新视角. 上

海：上海人民出版社．

［152］程贵孙，陈宏民，2008．基于双边市场的传媒产业政府规制．上海交通大学学报（42）：1479－1482．

［153］程贵孙，陈宏民，2009．具有双边市场特征的电视媒体平台竞争模型．系统管理学报（18）：1－6．

［154］李维安，吴德胜，徐皓，2007．网上交易中的声誉机制——来自淘宝网的证据．南开管理评论，10（5）：36－46．

［155］吴德胜，2007．网上交易中的私人秩序——社区、声誉与第三方中介．经济学季刊，6（3）：859－884．

［156］吴德胜，李维安，2008．声誉、搜寻成本与网上交易市场均衡．经济学季刊，7（4）：1437－1458．

［157］胥莉，陈宏民，2005．中国银行卡组织运作模式的福利分析．世界经济（6）：69－79．

［158］胥莉，陈宏民，2006．银行卡定价理论的新发展．中国工业经济（6）：22－29．